국립경주박물관 상설전시도록

신라의 역사와 문화
History and Culture of Silla

일러두기

1. 이 책은 국립경주박물관 상설전시 도록이다.
2. 이 책은 국립경주박물관 소장품을 중심으로 신라의 역사와 문화를 시대와 주제별로 구성하였다.
3. 이 책에 수록된 모든 글은 한글 표기를 원칙으로 하고, 필요할 때는 한자를 같이 썼다.
4. 도판 설명은 소장품 이름, 출토지, 시대, 크기(cm), 국가유산 지정 순이다.
5. 별도의 소장처 표기가 없는 것은 국립경주박물관 및 국립박물관 소장품이다.
6. 도록의 이해를 돕기 위해 전시되지 않은 소장품도 수록하였다.
7. 다른 전시에 출품되거나 교체 전시 등으로 전시 내용은 변경될 수 있다.
8. 도판 목록에 전시 위치를 표시하였다.
   ▬ 신라역사관   ▬ 신라미술관   ▬ 월지관   ▬ 옥외전시

발간사

새로운 상설전시 도록을 발간하며

2024년에 국립경주박물관 상설전시 종합도록 '신라의 역사와 문화'를 새롭게 선보이게 되었습니다.

상설전시 도록은 박물관을 소개하는 얼굴인 동시에 박물관을 더 알아보고 싶은 관람객에게는 친절한 안내서의 역할을 합니다. 2015년에 발간된 『국립경주박물관』 이후, 10년 만에 새로운 상설전시 도록을 발간하게 되었다는 점에서 우리의 얼굴을 관리하고 관람객과 소통하는 데 소홀했던 것은 아닌가 스스로를 돌아보게 됩니다.

다소 늦은 감은 있지만, 이제라도 새롭게 단장한 신라역사관과 신라미술관의 성과를 반영한 상설전시 도록을 발간하게 되어 기쁩니다. 특별히 이번 도록은 '신라의 역사와 문화'라는 제목으로 신라사 전반을 시대의 흐름과 중요한 주제를 중심으로 담아내고자 하였습니다. 이는 기존 전시실 중심의 도록 내용에서 벗어난 새로운 시도입니다. 이미 전시실 중심의 안내서는 『신라역사관』(2021년), 『신라미술관』(2024년)이라는 소도록이 있으며 다른 형식의 상설전시 도록에 대한 여러 요청들도 있었기 때문입니다.

이번 상설전시 도록은 신라사 전체를 전시품 중심으로 통시적으로 접근한다는 컨셉이기 때문에 향후 일부 전시 공간이 개편되고, 전시품이 교체되더라도 오랫동안 국립경주박물관을 알리는 얼굴로 역할을 할 것이라 기대합니다. 아울러 책의 구성도 정보 제공의 측면뿐 아니라, 신라의 문화유산을 하나의 작품으로 감상할 수 있도록 다변화하였습니다.

박물관은 과거만을 다룬다고 생각하기 쉽지만, 늘 현재와 미래를 함께 고민하고 있습니다. 오늘에 맞춰 변화하고 생동하는 박물관을 이번 도록을 통해 느끼시길 바랍니다. 이 도록이 국립경주박물관에 관심과 애정을 가지고 있는 모든 사람들에게 좋은 안내서의 이정표가 되길 기대합니다.

2024년 12월
국립경주박물관장 함 순 섭

목차

I.	신라 이전의 선사시대	인류의 흔적과 도구의 제작	11
		새로운 시대의 서막	15
		계층의 분화와 권력의 탄생	23
II.	사로국의 성립과 발전	사로국의 등장과 신문물	37
		철기 문화의 확산과 성장	49
III.	신라의 발전과 팽창	마립간과 황금 문화의 융성	61
		신라 토기의 제작과 확산	103
IV.	삼국통일과 신라의 번영	불교의 수용과 왕권의 강화	119
		영토 확장과 삼국통일의 완성	137
V.	신라 문화의 만개	불교 문화의 융성	157
		지배체제의 정비와 사회적 변화	201
		왕경의 정비	215
		능묘	249
		다양한 문화, 교류와 공존	263
VI.	신라의 쇠퇴와 새로운 나라 고려로	고려시대 경주의 사찰	281
	도판 목록		284

I.

신라 이전의 선사시대

신라가 건국되기 이전부터 영남 지방에서는 수만 년 전부터 사람들이 거주하고 있었다. 이들이 신라인의 직접적 조상이라고 보기는 어렵지만 구석기시대 이후 청동기시대에 이르기까지 살았던 선사인先史人들의 문화가 신라의 토대가 되었던 것은 분명하다.

영남 지방에서 초기 구석기시대 유적은 거의 발견되지 않았지만, 후기 구석기시대(약 4만~1만 년 전)에 살았던 사람들의 흔적은 확실하게 확인된다. 구석기 인들은 뗀석기를 만들어 사용했으며 사냥과 채집 생활을 하였다. 1만 년 전 찾아온 갑작스러운 기후 변화로 인해 인류는 이전과는 다른 새로운 방식으로 살아가게 되었으며, 이는 신석기시대가 열리는 계기가 되었다. 구석기시대에는 사냥을 하거나 채집하여 먹을거리를 얻었으나 신석기시대에는 자연을 개발하여 먹을거리를 생산하게 되었다. 농경의 시작으로 사람들은 한 곳에 머물러 살며 마을 공동체를 이루었으며, 농경 도구를 만들기 위해 석기 제작 기술이 발달하였다.

기원전 15세기에 시작된 청동기시대에는 신분과 권위의 상징인 청동칼, 청동거울 등의 청동 제품이 등장한다. 하지만 여전히 삶의 많은 영역에서는 석기가 주요한 도구였다. 석기 제작 기술은 돌도끼, 반달돌칼, 돌낫 등 다양한 농경 도구와 목재 가공구加工具를 만드는 과정에서 더욱 정교하게 발전하였다. 청동기시대는 신석기시대에 비해 사회가 더욱 복잡해졌다. 벼농사를 본격적으로 시작하면서 집단 내 불평등이 생겨나고 계층이 분화되었다. 토지를 둘러싼 마을, 집단 간의 갈등이 커지면서 이를 조정할 지배자와 권력이 출현하였다. 대규모 마을 유적과 마을을 둘러싼 환호環濠, 거대한 고인돌[支石墓]과 같은 무덤이 계층 분화와 지배자의 출현 등 당시 사회의 변화를 잘 보여 준다. 청동기시대의 이러한 변화는 초기 국가가 등장하는 토대가 되었다.

인류의 흔적과 도구의 제작

구석기시대는 대략 250만 년 전부터 1만 년 전까지의 시기로, 인류가 처음으로 불을 이용하고 도구를 만들어 사용한 시대이다. 동아시아 지역에서는 이보다 늦은 150만 년 전 호모 에렉투스가 등장하였을 것으로 추정된다. 하지만 한반도에서 호모 에렉투스를 포함한 고인류 화석은 아직 발견되지 않았고, 플라이스토세 중기(약 78만~13만 년 전) 이후의 호모 사피엔스의 흔적만 확인된다.

구석기시대는 빙하기와 간빙기가 반복되는 등 환경의 변화가 심했던 시기로 당시 인류는 무리를 지어 먹을거리를 찾아다니며 사냥과 채집 생활을 하였다. 이동 생활을 했던 구석기시대 수렵·채집민들은 주로 강가나 하천 주변의 동굴이나 바위 그늘을 임시 거처로 사용하였다. 구석기인들은 돌, 나무, 동물의 뼈·뿔 등을 이용해 다양한 도구를 만들어 사용하였으나, 현재는 대부분 석기만 남아 있다. 석기는 시기에 따라 바뀌었다. 전기 구석기시대에는 주먹도끼, 여러면석기 등 주로 대형 석기가 사용되었고, 후기로 갈수록 밀개, 긁개, 슴베찌르개 등 쓰임새에 따라 작고 정교한 석기가 발달하였다.

신라의 중심지인 경주를 포함한 영남 지방의 구석기시대 유적은 대부분 후기 구석기시대의 유적이다. 하지만 안동 마애리 유적과 같이 상대적으로 빠른 시기의 석기가 확인되는 경우도 있다. 주변 울산 신화리 유적, 포항 산서리 유적을 볼 때, 경주에는 늦어도 후기 구석기시대부터 사람들이 살았을 것으로 추정된다.

도구의 발달

도구는 인류 생활이 시작된 구석기시대부터 현재까지 끊임없이 변화·발전해 왔다. 도구와 기술은 인간의 생활 방식과 생업 경제에 따라 변화해 왔으며, 도구와 기술의 발전은 생활 방식과 문화를 바꾸는 선도적인 역할을 하기도 하였다. 구석기시대의 도구는 주로 사냥과 채집을 위해 만들어졌다. 당시 석기는 돌을 떼어서 제작했는데, 사람들이 의도적으로 떼어 낸 규칙적인 흔적이 확인되어 자연석과 구분된다. 돌을 떼어 내는 방식으로는 돌망치로 돌을 직접 내려치는 직접떼기, 쐐기를 이용한 간접떼기, 누름 도구로 원석을 눌러 떼는 눌러떼기 등이 있다. 후기 구석기시대에는 쐐기를 사용해 돌에서 박편을 떼어 내는 돌날기법이 발달하였다. 몸돌에서 떨어진 박편을 이용하면서 긁개, 밀개, 홈날, 톱니날 등을 보다 쉽게 제작할 수 있게 되었다. 구석기시대가 끝나갈 무렵에는 단순히 돌을 떼어 내는 방식이 아닌 돌을 가는 마연磨研 기술이 등장하는 등 석기 제작 기술이 더욱 발달하였다.

001
주먹찌르개
안동 마애리
구석기시대
길이 23.6cm

002
양면찍개
안동 마애리
구석기시대
길이 13.9cm(왼쪽)

003
망치돌
안동 마애리
구석기시대
길이 14.4cm(왼쪽)

004
돌날과 몸돌
울산 신화리·포항 산서리
구석기시대
길이 6.7cm(오른쪽)
국립경주박물관, 울산박물관

005
접합석기
울산 신화리
구석기시대
길이 각 8.4~10.8cm(왼쪽 아래)
울산박물관

후기 구석기시대에는 몸돌에서 떼어 낸 격지로 다양한 석기를 만들었다. 울산 신화리 유적에서는 몸돌과 몸돌에서 떨어져 나온 격지가 함께 발견되었다. 함께 발견된 몸돌과 격지를 원래대로 맞추는 과정을 통해 몸돌을 타격하는 방식이나 석기를 떼어 내는 기술 등을 살펴볼 수 있다.

새로운 시대의 서막

신석기시대는 약 1만 년 전 빙하기가 끝나면서 시작되었으며, 급격한 기후 변화에 적응하기 위해 구석기시대와는 다른 새로운 삶의 방식과 문화가 나타났다. 신석기시대의 주요한 특징은 농경의 시작과 정착 생활, 토기와 간석기의 등장 등이다. 농경을 시작하면서 인간이 자연에 의존하는 생활에서 벗어나 자연을 이용하고 개발하는 단계에 이르렀다는 점이 신석기시대의 가장 큰 특징이라 할 수 있다. 또한 땅을 경작하는 농기구 제작이 활발해지면서 석기 제작 기술이 크게 발전하였고, 석기의 기능과 종류도 다양해졌다. 신석기시대의 주거지는 주로 강가나 바닷가 근처에서 확인된다. 농경 생활을 시작하면서 정착하여 살게 되었으나, 야외 화덕 자리와 야영 시설 등이 발견된 것으로 보아 완전히 정착했다기보다는 단기간 거주하며 생활했던 것으로 추정된다.

신석기시대 토기의 발명은 인류 문화사에서 획기적인 사건이다. 무게와 부피가 큰 토기는 이동 생활에서 직물이나 가죽으로 만든 그릇에 비해 효율적이지 않았다. 하지만 정착 생활을 하면서 다양한 조리를 할 수 있는 토기의 효용성이 증가하였다. 토기의 사용으로 신석기인들이 먹을 수 있는 음식이 늘어났고, 다양한 조리법이 개발되어 영양 섭취도 크게 개선되었다.

경주와 주변 지역의 대표적인 신석기시대 유적으로는 경주 봉길리 유적, 울진 후포리 유적과 죽변리 유적, 울산 세죽리 유적 등이 있다. 봉길리 유적에서는 움집이, 후포리 유적에서는 많은 사람이 묻힌 무덤이, 세죽리 유적에서는 생활 쓰레기터인 조개무지가 발굴되었다. 또 바닷가 죽변리 유적에서는 우리나라에서 가장 오래된 배 파편과 노로 추정되는 나무 제품이 발견되었다.

새로운 생업 경제와 석기 기술의 발달

1만 년 전 지구의 기온이 상승하고 해수면이 높아짐에 따라 인류는 바다 자원을 적극적으로 이용하기 시작하였다. 신석기인들은 자원이 풍부한 강가나 바닷가에서 고기잡이를 할 수 있는 방법과 도구를 개발하였다. 배를 타고 먼바다에 나갈 때는 작살과 이음 낚시를 사용해 고래, 상어 등을 비롯해 큰 물고기를 잡았다. 조개 채취와 식물 채집 역시 중요한 생계 수단이었다. 이와 함께 농사를 짓기 시작하였는데 조와 피, 기장 같은 비교적 경작하기 쉬운 잡곡을 재배하였다.

신석기시대에는 농경 도구와 어업 도구를 만드는 기술도 크게 개선되었다. 돌과 뼈를 때려 쪼갤 때 자연적으로 생긴 날을 이용했던 구석기시대와는 달리 돌을 갈아 형태를 잡고, 날을 날카롭게 만드는 마연 기술이 널리 사용되었다. 마연 기술로 농경에 필요한 괭이, 보습, 낫, 도끼나 뼈도구[骨角器]와 꾸미개를 만들었다. 울진 죽변리 유적에서는 간석기를 만드는 데 사용된 석재, 석재를 자르는 도구, 숫돌, 모룻돌 등이 함께 발견되어 당시 신석기인들의 석기 제작 기술을 살펴볼 수 있다.

006
돌작살
울진 죽변리
신석기시대
길이 9.9cm(오른쪽)

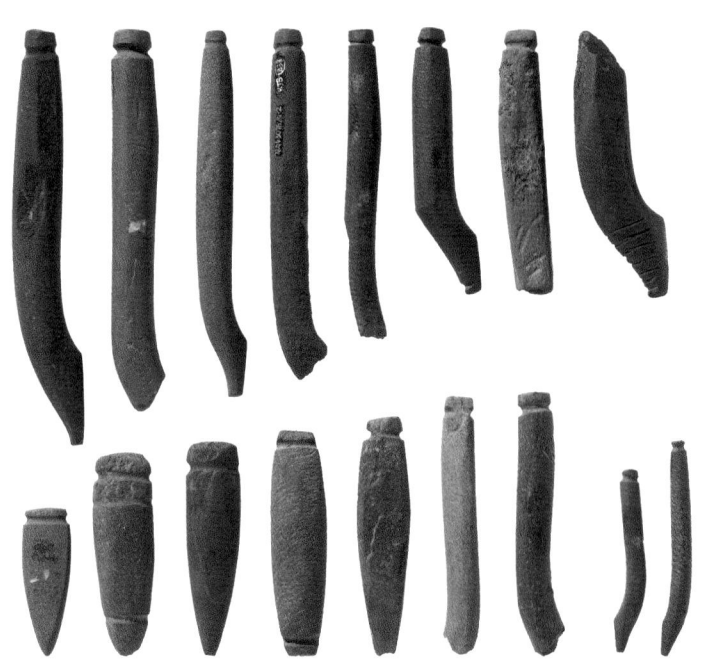

007
낚싯바늘
울진 죽변리
신석기시대
길이 13.0cm(왼쪽 위)

008
돌뒤지개
울진 죽변리
신석기시대
길이 20.3cm(오른쪽)

009
여러 종류의 석기
경주 봉길리·울진 죽변리
신석기시대
길이 11.5cm(오른쪽)

010
노
울진 죽변리
신석기시대
길이 170.0cm

동해안에 위치한 울진 죽변리 유적의 신석기시대 문화층에서는 배의 파편과 노로 추정되는 나무 제품이 발견되었다. 낙동강가의 창녕 비봉리 유적에서 발견된 배와 마찬가지로 기원전 6천 년 무렵 만들어진 것으로 보인다. 현재 남은 배 파편의 크기는 길이 64cm, 너비 50cm에 불과하지만 자세히 보면 통나무를 파서 만들었음을 알 수 있다. 재질은 녹나무로 밝혀졌다. 노의 길이는 170cm로 물에 잠기는 갈퀴 부분이 사다리꼴을 하고 있으며 상수리나무로 만들었다.

011
배편
울진 죽변리
신석기시대
길이 64.0cm

토기의 출현

약 1만 년 전 인류는 진흙을 불에 구우면 단단해진다는 화학적 변화를 깨닫고 토기를 제작했다. 토기의 발명으로 끓이고 데치고 삶는 등 조리법이 훨씬 다양해져 먹을거리의 범위가 한결 넓어지고 음식물의 보관·운반도 손쉬워졌다. 식생활이 안정되자 사람들은 한곳에 오래 머물며 생활할 수 있게 되었고, 이에 따라 문화와 예술도 함께 발전했다. 신석기시대의 토기는 시기와 지역에 따라 다양한 양상을 보인다. 한반도에서는 1만 년 전쯤 제주에서 사용된 것으로 추정되는 무늬 없는 토기[原始無文土器]가 가장 이른 시기의 토기로 알려져 있다. 동해안과 남해안 지역에서는 8,000년 전쯤 덧무늬토기[隆起文土器]와 누른무늬토기[押文土器]가, 중서부 지역에서는 6,500년 전쯤 빗살무늬토기[櫛文土器]가 유행했다. 신석기시대의 토기는 표면 전체에 무늬를 새겼으나 점차 시간이 지나면서 간략해진다. 경주 지역의 경우 빗살무늬토기보다 덧무늬토기가 주로 확인되며, 울진 죽변리 유적에서 보이는 것처럼 붉은색의 토기도 많이 출토된다.

012
토기
경주 봉길리·김천 송죽리·울진 죽변리
신석기시대
높이 42.6cm(오른쪽 뒤)

013
빗살무늬토기
김천 송죽리
신석기시대
높이 35.0cm

빗살무늬토기는 6,500년 전 즈음 한반도 중서부 지방을 중심으로 출현하여 유행한 토기이다. 대체로 바닥이 뾰족한 모양이고, 겉면은 점과 선으로 구성된 기하학무늬로 장식되어 있다. 이러한 무늬는 시간이 흐름에 따라 점차 간략해지고 장식 면적도 줄어들었다. 빗살무늬토기는 5,500년 전 무렵 한반도 전역으로 빠르게 퍼져 나갔으며, 이전의 덧무늬토기와 달리 한반도 전역에서 출토되어 우리나라 신석기 문화를 '빗살무늬토기 문화'라고도 한다. 빗살무늬토기 문화는 시기와 지역에 따라 각기 다른 양상으로 전개되는데, 중서부, 남부, 동부, 서북 등 네 지역별로 그릇의 생김새와 장식 무늬가 구분된다. 3,500년 전 즈음 청동기시대의 민무늬토기로 대체되면서 사라지게 되었다.

무덤과 장송의례

무덤은 죽음이나 사후 세계에 대한 사람들의 생각을 엿볼 수 있는 중요한 자료이다. 우리나라 구석기시대의 무덤은 아직 발견되지 않았지만, 신석기시대의 무덤은 다양한 형태로 발견된다. 대개 구덩이를 파고 시신을 묻는 경우가 많았으며, 동굴을 무덤으로 이용하거나 뼈만 추려 토기에 넣기도 하였다. 신석기시대 무덤의 껴묻거리는 많지 않으나, 조개로 만든 팔찌나 발찌, 옥, 토기와 석기를 죽은 이를 위해 무덤 안에 넣기도 하였다. 이 밖에도 토기편이나 조개껍질로 시신을 덮은 경우도 있어, 당시 특정한 장송의례葬送儀禮가 있었을 것으로 추정된다. 울진 후포리 유적에서는 지름 4m 안팎의 구덩이에 20대 전후 남녀의 시신 40구 이상을 묻은 무덤이 발견되었는데, 정교하게 갈아서 만든 180여 점의 돌도끼, 대롱옥, 꾸미개 등도 함께 발견되었다.

014
꾸미개
울진 후포리
신석기시대
길이 11.4cm(오른쪽)

015
돌도끼
울진 후포리
신석기시대
길이 54.2cm(왼쪽)

계층의 분화와 권력의 탄생

한반도의 청동기시대는 기원전 15세기 무렵 시작되었다. 청동기시대라고 하지만 일상생활에서는 여전히 간석기와 나무 제품이 주로 사용되었다. 청동기는 권위의 상징물이나 특별하고 중요한 의식을 위한 물건을 만드는 데에만 사용되었으며, 특정 계층의 사람만이 가질 수 있었다. 청동기시대에는 농경이 더욱 발달하면서 마을과 마을 사이에 토지와 잉여생산물을 둘러싼 갈등과 다툼이 본격화되었다. 집단 내에서 이러한 갈등을 조정하고 구성원들을 이끌어 줄 사람이 필요해지면서 지배자가 출현했다. 청동기시대에는 고인돌[支石墓], 돌널무덤[石棺墓], 독무덤[甕棺墓] 등 다양한 형태의 무덤이 만들어졌다. 이 중 거대한 고인돌은 공동체의 기념물이자 지배자의 무덤으로서 청동기시대의 계층이 분화된 모습을 잘 보여 준다.

우리나라 최초의 국가인 고조선은 청동기시대의 복잡화된 사회 구조와 경제적인 발달을 토대로 요령遼寧과 한반도 북부 지역에서 비파형동검문화琵琶形銅劍文化를 기반으로 등장하였다. 비파형동검은 검과 손잡이를 분리하여 제작한 후 조립하는 조립식동검組立式銅劍으로 중국의 도씨검桃氏劍과 북방의 오르도스식[Ordos] 동검과는 구별되는 우리나라의 독특한 청동기 문화를 잘 보여 준다. 같은 시기에 한반도 남부에서 정치 체제가 등장했다고 볼 명확한 자료는 부족하다. 그러나 적어도 기원전 3~2세기에 이르러 문헌상에 나타난 진국辰國이 세워졌을 것으로 추정된다. 진국이 어떤 체제를 갖춘 나라였는지 그 실체는 명확히 알려진 바가 없으나, 계층이 분화되고 경제가 발달한 청동기시대를 기반으로 등장했다고 볼 수 있으며 이는 이후 삼한三韓 사회의 토대가 되었다.

농경의 발달과 석기의 기능 분화

청동기시대에는 벼, 조, 수수, 콩, 보리와 같은 곡식 농사를 본격적으로 짓기 시작하였다. 농경이 발달하면서 정착하는 사람들이 늘어났고, 큰 마을들이 생겨나기 시작했다. 마을은 주로 물을 구하기 쉽고 농경지와 가까운 하천 주변의 평지나 낮은 언덕에 생겨났다. 마을 안에는 집자리, 무덤, 생산 시설, 광장, 의례 시설, 경작지 등도 만들어졌다. 또한 마을을 외부의 적으로부터 보호하는 목책이나 환호 시설이 만들어지기도 했다.

청동기시대에는 나무로 만든 농기구도 많이 사용되었다. 이에 따라 목제 농기구를 가공하는 데 필요한 석기가 많이 늘어났다. 이러한 유물들은 한반도 전역에서 발견된다. 도끼, 자귀[柱狀石斧], 대팻날[扁平偏刃石斧], 끌[石鑿] 등의 공구로 나무를 베거나 가공하였고, 반달돌칼과 낫으로 곡식의 이삭을 따거나 베었으며, 괭이와 가래, 호미로 땅을 파거나 밭을 일구었다. 청동기시대에는 농기구와 함께 간돌검과 화살촉 등의 무기도 발달하였다. 이로써 잉여 생산물 분배와 토지 점유 등을 둘러싼 갈등이 있었음을 알 수 있다.

016
돌도끼
경주 갑산리·경주 조양동·청도 진라리
청동기시대
길이 13.2cm(왼쪽)

017
돌자귀
경주 석장동·영덕 신평리·청도 진라리
청동기시대
길이 22.3cm(왼쪽 위)

018
돌낫
경주 충효동·경주 용장리·울산 상안동
청동기시대
길이 26.3cm(위쪽)

019
돌끌
경주 갑산리·경주 석장동
청동기시대
길이 7.7cm(위쪽)

020
여러 종류의 석기
경상도 일원
청동기시대
길이 13.8cm(오른쪽 아래)

경주 지역에서는 간돌검, 돌도끼, 돌끌, 돌화살촉, 반달돌칼 등 다양한 석기가 출토되었다. 전체적인 석기 조합은 영남 지방과 유사하나, 경주 지역에서만 나타나는 몇 가지 특징이 있다. 먼저 황성동 유적에서는 'ㄱ자형석도'로 불리는 독특한 형태의 석도石刀가 출토되었다. 이러한 석도는 주로 두만강 유역부터 동해안을 거쳐 남해안 지역에서 확인된다. 이 외에 경주 동천동과 황성동 유적에서 달모양 도끼[環狀石斧]라고 불리는 의례용 석기가 조사되는 점과 경주 충효동, 문산리, 갑산리 등에서 많은 수의 반달돌칼이 출토되는 점도 경주 지역 석기 조합의 특징이다.

021
반달돌칼
경상북도 일원
청동기시대
길이 11.6cm(가운데)

022
붉은간토기
경주 월산리·경주 충효동·청도
청동기시대
높이 13.9cm(가운데)

청동기시대에는 주로 표면에 무늬가 없는 민무늬토기를 사용했다. 민무늬토기는 굵은 모래나 돌가루를 섞은 다소 거친 진흙으로 빚어 한뎃가마[露天窯]에서 구웠다. 대부분 무늬가 없지만 간혹 간단한 선 무늬나 구멍무늬[孔列文] 등이 보이며, 토기 표면에 붉은색이나 검은색을 입힌 것도 있다. 종류로는 바리, 대접, 접시, 항아리, 독, 두형토기 등이 있다. 용도에 따라 조리 용기, 저장 용기, 식기, 껴묻거리 등으로 나눌 수 있다.

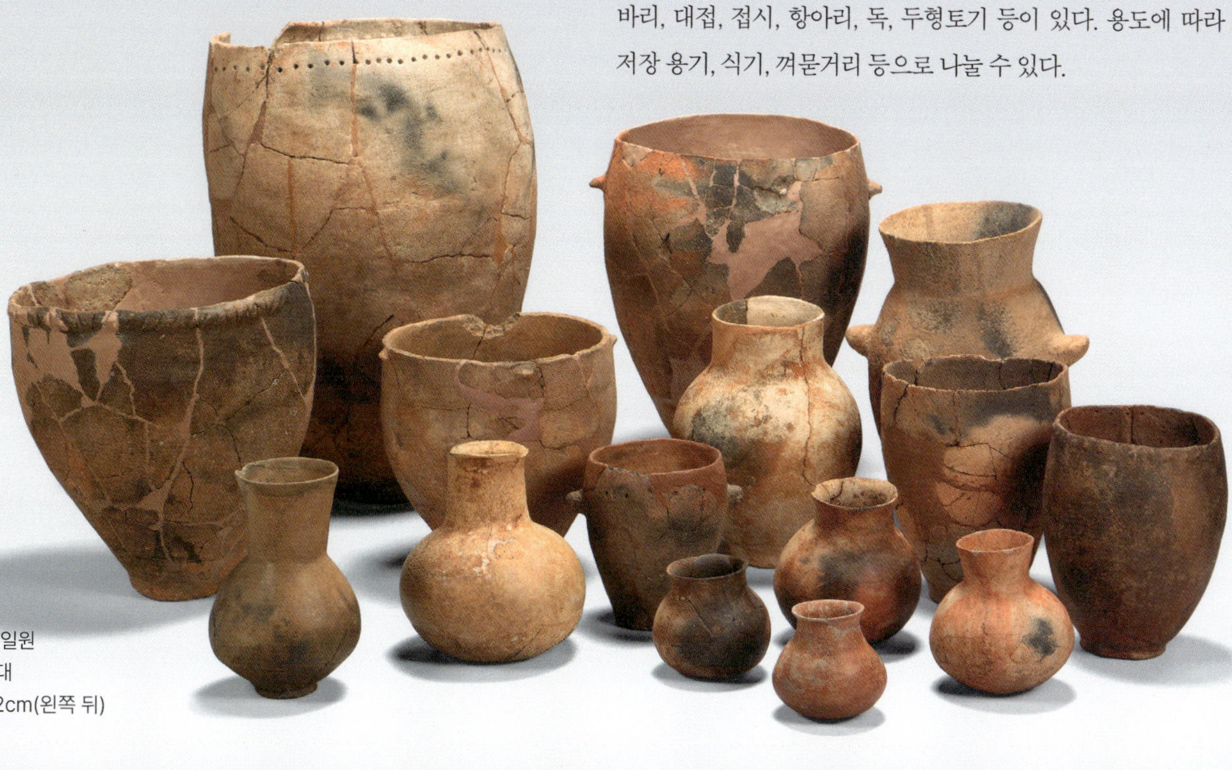

023
토기
경상북도 일원
청동기시대
높이 58.2cm(왼쪽 뒤)

지배자의 출현

청동기시대의 대표 무덤인 고인돌은 당시 권력을 가진 지배자가 등장했음을 보여 준다. 수십 톤이 넘는 큰 바위를 옮겨 고인돌을 만들기 위해서는 많은 노동력이 필요했을 것이므로 그 일을 지휘하고 감독했던 지배자의 영향력이 매우 컸을 것으로 보인다. 또한 무덤에 넣은 청동검, 간돌검, 옥 장신구와 집자리에서 발견되는 달모양 도끼, 별모양 도끼[多頭石斧] 등도 지배자의 지위와 권력을 드러내는 상징품이었다. 하지만 영남 지방의 고인돌은 외형적인 거대함에 비해 무덤의 껴묻거리는 빈약한 편이었다. 대부분 간돌검이나 붉은간토기, 화살촉 등으로 수량 또한 적다. 당시 영남 지방의 지배자들은 껴묻거리의 수량이나 화려함보다는 무덤 자체의 거대함으로 자신의 위엄과 권위를 보여 주려고 했던 것으로 짐작된다. 경주에는 고인돌이 100곳 넘게 분포하고 있으나, 발굴된 숫자는 많지 않다. 입지가 우월하고 매장 시설이나 묘역墓域을 갖춘 단독 무덤으로는 갑산리 돌무지돌무덤[積石石棺墓], 석장동, 황성동 묘역식 고인돌 등이 있다.

024
간돌검
청도 각남면
청동기시대
길이 41.0cm

간돌검은 청동기시대를 대표하는 석기로 점판암이나 혈암 등의 돌을 갈아서 만들었다. 간돌검은 자루가 있는 것과 없는 것이 있는데, 자루가 있는 것은 자루 중앙에 홈이 있는 것과 없는 것으로 구분된다. 간돌검은 주로 무덤에 껴묻거리로 출토되는데, 자루가 있고 중앙부에 홈이 없는 것이 대부분이다. 이 경우 무덤 주인공의 권력을 상징하는 경우가 많다. 이 외에 집자리에서 발견되는 경우도 있는데, 자루가 없거나 자루가 있되 중앙에 홈이 있다. 자루 없이 슴베만 있는 간돌검은 나무로 만든 자루와 결합했던 것으로 추정된다. 자루 중앙에 있는 홈은 손의 부상을 방지하기 위해 가죽이나 끈을 감기 위한 용도로 추정된다. 이와 같은 간돌검 중에는 슴베에 피가 타고 흐를 수 있도록 피홈[血溝]을 만든 경우도 있다.

025
비파형동검
청도 예전리
청동기시대
길이 34.8cm

비파형동검은 오래된 악기인 비파를 닮아 붙은 이름이다. 중국 동북지방 요령遼寧 지역에서 많이 발견되어 요령식동검이라고 하는데 고조선의 특징적인 검이라는 점에서 '고조선식동검'이라고도 불린다. 검신 아랫부분의 폭이 넓고 둥근 형태를 이루며, 가운데 좌우에 뾰족한 돌기가 있는 것이 특징이다. 또한 검과 자루를 따로 만들어 조립하는 형식으로 검과 자루가 한몸인 중국식동검과 구분된다. 청도 예전리에서 출토된 이 비파형동검은 랴오닝성[遼寧省] 차오양[朝陽] 십이대영자문화十二臺營子文化의 비파형동검과 형태가 비슷하다. 또한 슴베에 홈이 없는 형식으로 영남 지방의 비파형동검 중 가장 이른 시기에 만들어진 것으로 추정된다.

026
달모양 도끼
경주 도지동·경주 동천동·경주 황성동·울산 가재골·포항 초곡리
청동기시대
지름 10.7cm(오른쪽 위)
국립경주박물관, 울산박물관

027
간돌검
경상북도 일원
청동기시대
길이 20.0cm(왼쪽)

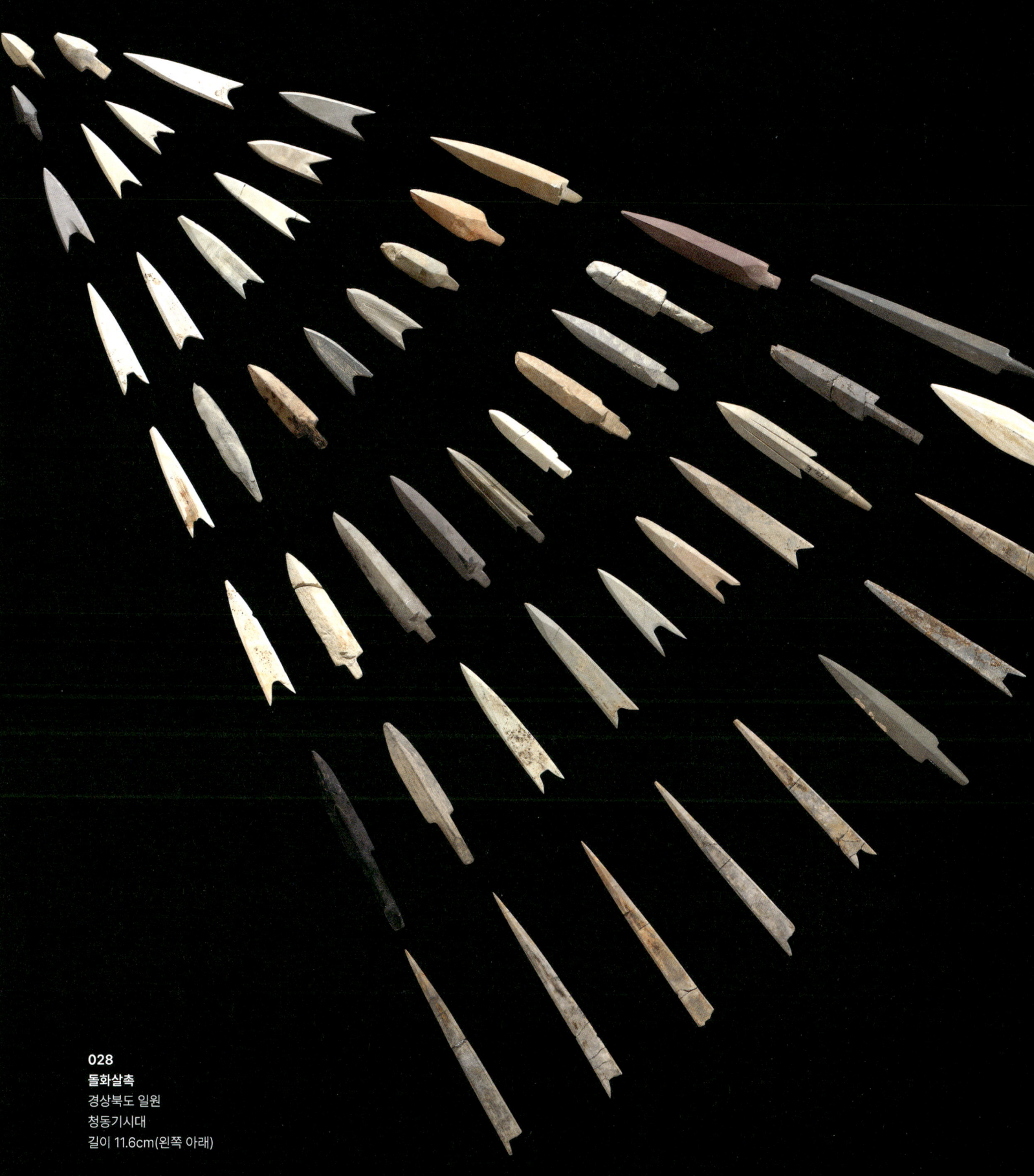

028
돌화살촉
경상북도 일원
청동기시대
길이 11.6cm(왼쪽 아래)

II.

사로국의 성립과 발전

신라는 낙동강 동쪽에 터전을 마련한 진한辰韓 12개의 작은 나라들 가운데 하나였으며, 그때의 이름은 사로국斯盧國이었다. 사로국의 중심지는 현재의 형산강 유역에 있는 경주 분지였다. 이 분지를 중심으로 사로국 건국 이전의 토착 집단이 산과 하천을 경계로 마을을 형성하고 있었다. 기록에 따르면 사로국은 기원전 57년 6촌이 힘을 합쳐 박혁거세(재위 기원전 57~기원후 4년)를 왕으로 받들면서 시작되었다고 한다. 그러나 박혁거세로 대표되는 박씨朴氏 집단 외에도 사로국 건국에는 석씨昔氏와 김씨金氏라는 또 다른 이주민 집단도 중요한 역할을 하였다. 이 이주민 집단들은 고조선의 유민일 가능성이 크며, 발달한 선진 기술을 가지고 기존 토착 집단과 함께 사로국을 건국했던 것으로 보인다. 박·석·김 세 집단은 교대로 왕위를 세습하면서 초기 사로국의 중요한 지배 권력을 형성하였다.

사로국이 위치한 경주는 해안과 내륙을 연결하는 육로 교통로의 길목에 위치하였다. 경주는 일찍부터 주요한 물자인 철과 소금이 집산되는 교역의 중심지였다. 이와 함께 사로국의 뛰어난 제철 기술은 고대 국가로 성장하는 원동력이었다. 대규모 철기 생산과 보급은 사로국이 강력한 군사력으로 주변 지역을 병합하는 기반이었다. 『삼국사기三國史記』에 나오는 주변 소국 복속 기록은 신라의 영역 확장 모습을 잘 보여 준다.

사로국의 성장과 확장을 보여 주는 고고학적 현상 중 하나가 경주식 덧널무덤[木槨墓]의 확산이다. 경주식 덧널무덤은 하나의 무덤 구덩이에 가늘고 긴 주곽主槨과 부곽副槨을 배치한 무덤 양식으로 주곽과 부곽의 묘광을 따로 판 김해식 덧널무덤과 차이가 있다. 여기에는 도질토기, 철제 무기, 곡옥과 장신구를 껴묻었다. 경주식 덧널무덤은 경주를 중심으로 포항, 울산, 경산, 대구, 칠곡 등지에서 확인되는데, 사로국의 영향력이 경주를 넘어서 주변 지역까지 확대되었음을 보여 준다.

사로국의 등장과 신문물

사로국의 등장은 기원전 2세기 무렵부터 영남 지방에 나타나는 군집한 널무덤[木棺墓]과 관련이 깊다. 널무덤은 청동기시대 고인돌에 이어 등장하였는데, 이른 시기에는 단독으로 존재하다가 점차 군집하는 경향을 보인다. 군집한 널무덤은 대부분 중요한 교통로에 위치하며, 대규모 마을의 존재를 보여준다. 또한 널무덤에 껴묻은 청동기, 유리구슬, 야요이토기는 마을 간의 교류뿐 아니라 호서·호남 지방, 일본 큐슈 등 먼 지역과도 교류했음을 보여 주는 자료이다. 사로국 역시 이러한 사회·경제적 변화 속에서 소규모 마을 단위를 벗어나 지역을 통합하는 정치 체제가 필요해지면서 국國으로서 등장하였다고 볼 수 있다.

경주의 대표적인 널무덤 유적으로는 조양동, 탑동, 구정동, 사라리, 하구리 등이 있다. 이 중 사라리 130호 무덤은 목관 안에 70매의 판모양 쇠도끼[板狀鐵斧]를 깔고 그 위에 시신을 안치하였으며, 목걸이, 호랑이모양 허리띠[虎形帶具], 팔찌, 반지, 세형동검과 옻칠을 한 검집[漆鞘銅劍], 와질토기瓦質土器 등을 껴묻었다. 이는 청동기시대 고인돌과 달리 무덤 부장품의 수량과 화려함으로 개인의 신분을 과시했던 널무덤의 특징을 잘 보여 준다. 또한 널무덤에는 기존의 위세품인 청동 유물과 함께 새로운 문물인 철기가 부장되기 시작하였다. 이는 사로국의 등장에 철기라는 신기술이 큰 영향을 미쳤음을 보여 준다.

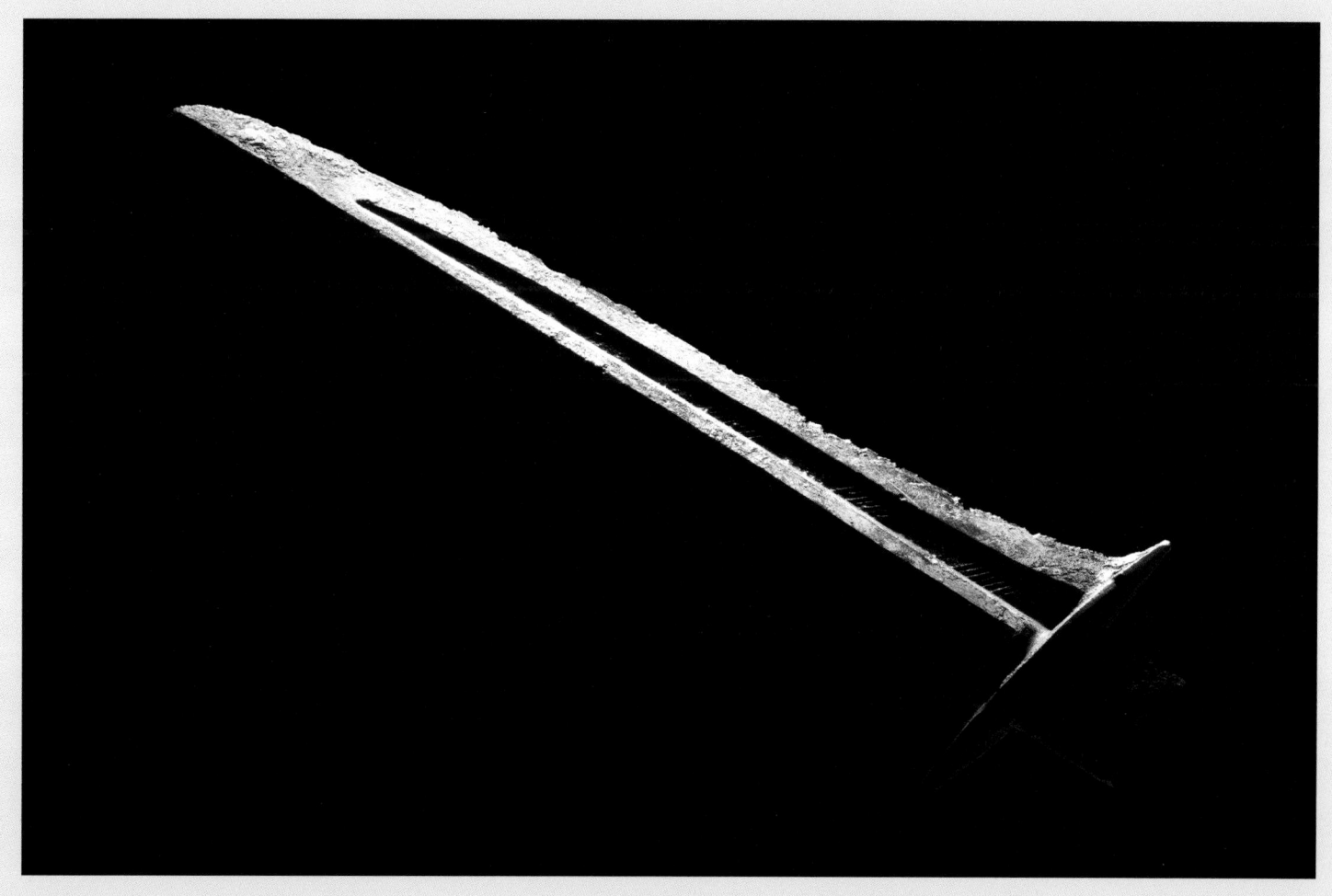

029
세형동검
경상북도 일원·평양
초기 철기~원삼국시대
길이 31.5cm(오른쪽)

세형동검은 기원전 5~4세기에 한반도 중서부 지역에서 등장하였다. 고조선 전기에 등장한 비파형동검의 전통을 이어 슴베와 자루를 결합식으로 제작하고, 검신의 중앙부가 오목하게 들어가게 한 결입부를 둔 것이 특징이다. 고조선 후기를 대표하는 무기이지만 영남지방에서는 초기철기시대 돌무지널무덤[積石木棺墓]과 널무덤에 주로 껴묻었다. 경주 입실리, 죽동리, 사라리, 탑동 등에서 확인되나 수량은 많지 않다. 기원 전후한 시기부터 철검으로 대체되어 사라진다.

030
여러 종류의 청동기
경상북도 일원·평양
초기 철기~원삼국시대
길이 51.3cm(왼쪽 아래)

031
경주 죽동리 청동기
경주 죽동리
기원전 1세기
길이 23.0cm(세형동검)
보물
국은 기증품

경주 죽동리 유적에서 출토된 청동기 일괄이다. 검, 꺾창, 투겁창, 칼자루 끝장식, 장대투겁, 단추, 말종방울, 물미 등으로 구성되었고, 세형동검문화의 특징을 잘 보여 준다. 장대투겁은 포탄형 몸통 안에 청동 구슬을 넣어 소리가 나도록 하였다. 주로 긴 막대기에 꽂아 장식했던 방울로서 당시 제사나 의식에 사용되었던 의기로 생각된다. 대개 2점이 세트를 이루어 출토되며, 아래쪽에는 술 따위를 꿰어 꾸밀 수 있는 반원 모양의 고리가 하나 달려 있다. 단추에는 뒷면에 반달 모양의 고리가 붙어 있다.

단추 뒷면

032
청동거울
경주 조양동
기원전 1세기
지름 8.0cm(오른쪽)

사로국에서 출토되는 청동거울은 주로 중국 전한 시기에 만들어졌던 전한경前漢鏡과 한나라의 거울을 모방하여 변형한 틀로 만들어진 방제경倣製鏡이 있다. 한경漢鏡은 종교적 권위를 상징하던 다뉴경多鈕鏡을 대신하여 정치 지배자를 상징하는 물건으로 무덤에 넣었다. 조양동 38호에서 출토된 이 전한경 역시 낙랑과의 교류를 주도한 사로국 지배자의 신분을 보여 주는 유물로 볼 수 있다.

033
청동꺾창집·쇠꺾창
영천 용전리
기원전 1세기
길이 32.0cm

쇠꺾창을 보관하는 창집이다. 내부의 나무는 썩어 없어지고, 현재는 청동의 골격만 남아 있다. 대구 지산동과 평리동에서 유사한 꺾창집 청동 골격이 조사되었고, 최근 경산 양지리 1호 널무덤에서도 옻칠이 된 꺾창집이 조사되었다.

034
청동화살발사기
영천 용전리
기원전 1세기
길이 8.3cm

쇠뇌의 발사 장치이다. 쇠뇌는 활에 기계 장치를 부착하여 만든 무기로 노弩라고도 한다. 한반도에서는 출토 사례가 거의 없다. 신라의 쇠뇌가 상당한 위력이 있다는 기록을 볼 때, 삼국시대부터는 쇠뇌가 많이 사용되었을 것으로 보인다. 쇠뇌는 일반 활에 비해 명중률은 높으나, 발사 속도가 늦은 단점이 있다.

철기와 와질토기의 등장

철은 청동에 뒤이어 인류가 개발한 새로운 금속으로, 한반도에는 기원전 4~3세기 무렵 중국 동북 지역과 문화적 교류가 이루어지면서 전해졌다. 이러한 철기문화는 한반도 전역에서 동시에 일어난 것이 아니고, 중국에 가까운 북부 지역부터 시작되었다. 한반도 남부 지역에서는 기원전 2세기 무렵에야 철기 생산이 본격적으로 이루어졌다.『삼국지三國志』「위서 동이전魏書東夷傳 한조韓條」에 실린 "낙동강 하류에서는 철을 생산하여 낙랑과 왜(일본)로 수출하였다"라는 내용이 이러한 시대 상황을 잘 보여 준다.

와질토기는 중국 회도灰陶 문화의 영향으로 한반도 남부에서 새롭게 등장한 토기 제작 기술이다. 기와처럼 비교적 무른 성질의 와질토기는 지붕이 없는 가마에서 구워져 붉은 색을 띠는 민무늬토기와는 달리 밀폐된 가마에서 800~900℃로 구워져 회백색을 띤다. 와질토기는 회전판이나 간단한 물레를 이용해 빚었기 때문에 전체적으로 균형이 잘 잡혀 있다. 그릇 모양은 민무늬토기에서 유래된 것이 많으나 점차 굽다리가 붙고 뚜껑이 갖추어지는 등 새로운 종류들이 나타났다.

035
여러 종류의 철기
영천 용전리
기원전 1세기
길이 48.0cm(위쪽)

영천 용전리 널무덤에서는 청동화살촉사기, 청동창, 청동꺾창집 등 많은 청동 유물과 70여 점의 철기가 함께 발견되었다. 철기로는 쇠도끼, 쇠낫 등과 함께 재갈, 닻모양 철기, 쇠끌, 쇠창 등이 출토되었는데, 이 중 쇠도끼[鑄造鐵斧] 25점은 무덤 바닥에 깔려 있어 무덤 주인의 신분을 과시하려 한 의도를 엿볼 수 있다. 용전리 유적은 경주 조양동 38호, 창원 다호리 1호, 밀양 교동 17호 등과 유사한 시기의 유적으로서 이른 시기 사로국의 철기 문화를 대표하는 유적이라고 할 수 있다.

• **경주 사라리 130호 무덤**

경주 서면 사라리의 나지막한 구릉에 축조된 1세기 대의 널무덤으로, 무덤 안에서 여러 가지 철기와 함께 한경을 본떠 만든 4매의 방제경, 동검과 철검 등이 출토되었다. 동검과 철검은 검, 손잡이, 옻칠을 한 칼집으로 이루어졌으나, 칼집은 썩어 없어지고 칼집 부속구만 남아 있다. 철검은 검 부분만 쇠로 만들어졌을 뿐, 손잡이와 칼집 부속구는 모두 청동이다. 이 무덤은 현재 한반도 남부에서 가장 탁월한 부장품을 가진 무덤 중 하나로 여겨지는데, 무덤의 주인은 사로국의 지배자로 추정된다.

036
사라리 130호 무덤 출토품
경주 사라리
1세기
길이 46.5cm(철검)

037
세형동검과 검집 부속구
경주 사라리 130호 무덤
1세기
복원길이 56.8cm(동검)

세형동검과 검집 부속구이다. 나무로 만든 검집은 남아 있는 금속제 연결구로 볼 때 양쪽 끝이 벌어지고 중간은 움푹하게 들어간 형태로 추정된다. 검집 표면에 옻칠을 하고, 금속제 연결구를 부착하여 장식 효과를 더하였다. 이러한 형태의 검집은 평양 지역과 한반도 남부의 돌무지널무덤, 널무덤에서 주로 발견된다. 당시 사로국의 지배자가 자신의 신분을 과시하기 위해 무덤에 넣었던 것으로 생각된다.

038
와질토기
경주 일원
1~4세기
높이 21.8cm(오른쪽 앞)

039
새모양 토기
경주 일원
삼국시대
높이 43.6cm(왼쪽 뒤)

3세기 중반 무렵 사로국을 중심으로 한 낙동강 동쪽 지역 무덤에서는 새모양 토기가 많이 발견된다. 특이하게 머리 위에 벼슬이 있는 것이 대부분이며, 부엉이처럼 생긴 것도 있다. 이 토기들은 속이 비어 있고, 등 쪽에 구멍이 있어 이 구멍으로 액체를 넣고 꼬리 쪽에 있는 구멍으로 따르는 주자注子의 기능을 했을 것으로 추정된다. 대부분 무덤에서 발견되는데, 장례 의식에 사용한 뒤 무덤에 넣은 것으로 보인다.『삼국지』「위서 동이전 한조」에는 "장례에 큰 새의 깃털을 사용하는데, 이는 죽은 이가 날아갈 수 있도록 하기 위함이다"라는 기록이 있다. 새모양 토기 역시 죽어서 천상의 세계로 날아가고 싶은 당시 사람들의 바람이 담긴 것으로 여겨진다.

철기 문화의 확산과 성장

사로국은 현재의 형산강 유역의 경주 분지에 세워졌다. 경주는 해안과 내륙을 연결하는 육로 교통로의 길목에 위치하고 있어 고대부터 교통의 결절지結節地였다. 이러한 지정학적 이점은 사로국이 고대 국가로 성장하는 데 중요한 역할을 하였다. 또한 사로국의 우수한 제철 기술은 사로국이 진한의 대표 세력으로 성장할 수 있었던 동력이 되었다. 사로국의 철 생산 능력은 2세기 후반~3세기에 양적·질적으로 크게 향상되었다. 이 시기부터 단조철기鍛造鐵器 제작의 전문화와 분업화가 이루어졌고, 동시에 철기 생산이 대량화·규격화되기 시작하였다. 철기가 대량 생산되자 농업 생산력이 증대되었고 철을 매개로 하는 각종 교역 활동이 활발해졌다.

『삼국지』「위서 동이전 한조」에 의하면 당시 진·변한에서는 철을 화폐처럼 사용한다고 했을 정도로 철은 교역의 주요한 매개물이었다. 이러한 모습을 잘 보여 주는 유적이 2세기 중엽 이후 등장한 덧널무덤이다. 덧널무덤에는 이전의 널무덤에 비해 더 많은 철기가 묻혔는데, 이로 보아 당시 사로국이 철기를 안정적으로 생산하고 보급하고 있었음을 짐작할 수 있다. 사로국의 제철 기술은 우수한 철제 무기 생산을 가능케 하여 주변국과의 무력 경쟁에서 힘의 우위를 가져와 왔다. 사로국은 발달한 철기 기술을 토대로 2~3세기에 경주 주변의 소국을 복속시키면서 성장해 갔다.

철기 생산과 영토 확장

철기 문화의 확산은 농기구와 무기 발달에 크게 영향을 주었다. 철제 농기구의 등장으로 한 사람이 경작할 수 있는 농경지가 크게 확대되었고, 농업 생산량도 증가하였다. 농기구뿐 아니라 철을 사용한 다양한 무기와 갑옷도 제작되면서 전쟁도 한층 격렬해졌을 것으로 보인다.

경주 황성동 유적에서는 1~4세기 동안 지속적으로 철기를 생산했음을 보여 주는 다양한 자료가 확인되었다. 이곳에서는 거푸집에 쇳물을 부어 철기를 만드는 주조 작업과 쇳덩이를 불에 달궈 두드려 원하는 철기를 만들었던 단조 작업을 했던 흔적이 확인된다. 사로국은 이처럼 높은 수준의 철기를 생산하는 데에 다른 세력과의 경쟁에서 유리한 위치를 차지할 수 있었다. 『삼국사기』에는 이사금 시기 사로국이 이웃의 음즙벌국音汁伐國(안강), 압독국押督國(경산), 감문국甘文國(김천) 등을 공격하여 병합한 기록들이 등장한다. 이 기록은 사로국이 철기를 기반으로 하여 진한의 중심 세력으로 성장했음을 잘 보여 준다.

040
거푸집
경주 황성동
신라 3~4세기
길이 22.3cm(오른쪽)

041
송풍관
경주 황성동
신라 3~4세기
길이 42.5cm

• 경주 구어리 1호 무덤

경주 외동읍 구어리 구릉 위에 축조된 대형의 덧널무덤이다. 무덤은 시신과 껴묻거리를 넣은 주곽과 껴묻거리만 넣은 부곽으로 이루어져 있다. 주곽의 바닥에는 50여 점에 달하는 쇠투겁창과 40점의 쇠도끼, 20점의 덩이쇠가 깔려 있었다. 이 외에도 주곽에서는 목재를 고정할 때 쓰인 꺾쇠, 고리자루칼, 미늘쇠 등이, 부곽에서는 와질토기와 함께 갑옷인 목 가리개와 허리 가리개가 출토되었다. 당시 최고 기술 수준을 보여 주는 갑옷과 비실용적인 다량의 철기를 무덤에 껴묻은 행위는 사로국의 지배자가 주변 지역을 아우르는 권력을 지녔음을 과시한 것으로 해석된다. 이러한 무덤과 껴묻거리를 바탕으로 사로국 시기 지배층의 모습을 그려볼 수 있으며 아울러 당시 사회에서 철이 얼마나 중요했는가를 알 수 있다.

042
목 가리개와 허리 가리개
경주 구어리 1호 무덤
신라 3세기
높이 22.0cm(목 가리개)

043
구어리 1호 무덤 출토품
경주 구어리 1호 무덤
신라 3세기
높이 36.4cm(원통모양 그릇받침)

044
말머리 가리개
경주 사라리
신라 5세기
길이 48.0cm

말머리 가리개는 말을 보호하기 위한 것이다. 머리 덮개판, 챙판, 귀가리개판, 볼가리개판으로 구성된다. 이 중 머리 덮개판은 가운데 부분의 분할 여부에 따라 계통과 만들어진 시기를 추정해 볼 수 있다. 머리 덮개판이 분할된 것은 중국 동북 지방의 영향이며, 분할되지 않은 것은 고구려의 영향을 받은 것으로 알려져 있다.

045
판갑옷
경주 구정동 3호 무덤
신라 4세기
높이 71.0cm(목가리개 포함)

경주 구정동에서 출토된 갑옷으로 세로로 긴 네모꼴의 철판을 이어 만든 것이다. 갑옷의 목 부분에 부착된 목가리개는 여러 장의 긴 네모꼴의 쇠판을 부채꼴로 잇대었다. 구정동 갑옷은 울산 중산리, 경주 사라리, 동산리 유적에서 출토된 갑옷과 함께 국내에서 가장 오래된 것이다.

046
판갑옷
경주 동산리
34호 무덤
신라 4세기
높이 52.0cm
(목가리개 포함)

047
판갑옷
포항 마산리
돌무지나무덧널무덤
신라 4세기
높이 69.1cm
(목가리개 포함)

048
판갑옷
경주 사라리 55호 무덤
신라 5세기
높이 60.5cm(투구 제외)

판갑옷板甲은 긴 철판을 맞붙여 제작한 우리나라 고유의 갑옷이다. 신라와 가야 지역에서만 출토되어 강한 지역성을 띤다. 신라의 판갑옷은 목 부위에 나팔형 목 가리개가 있고, 가야의 갑옷은 반원형의 목 가리개가 있다. 신라의 판갑옷은 장식이 거의 없는데, 위세보다는 실용성에 중점을 두었기 때문이다. 4세기 후반 이후부터는 고구려의 영향으로 신라에서도 판갑옷 대신 비늘갑옷札甲이 유행하기 시작했다.

049
목걸이
경주 일원
신라 3세기
길이 46.5cm(왼쪽)

중국 역사서인 『삼국지』 「위서 동이전 한조」에는 삼한 사람들이 금과 은이 아닌 옥을 보물로 여겨 이를 옷에 장식하거나 목이나 귀에 걸었다는 기록이 있다. 이를 증명하듯 사로국 무덤에서는 옥으로 만들어진 장신구들이 많이 나왔다. 사로국 초기에는 주로 푸른빛을 띠는 유리옥을 썼으나, 나중에는 수정을 중심으로 마노, 유리 등 다양한 소재를 추가하여 화려한 색상의 장신구를 만들었다. 옥은 모양에 따라 둥근옥, 굽은옥, 다면옥 등이 있다.

III.

신라의 발전과 팽창

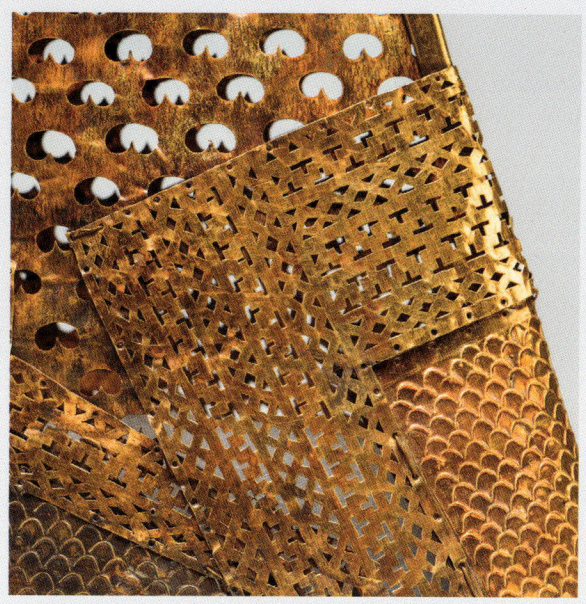

사로국에서 성장한 신라는 주변의 작은 나라들을 정복하면서 세력을 키워 나갔다. 신라는 낙랑군과 대방군이 소멸된 이후 대외 교역망을 잃게 되자 오히려 그 힘을 주변 소국을 통합하는 데 쏟았다. 4세기 중반에 이르러 신라는 진한 연맹체를 통합하게 된다. 신라는 박씨, 석씨, 김씨가 교대로 왕위를 이어가던 예전과는 달리 내물마립간부터 김씨가 왕위를 독점하는 세습권을 확립했다. 왕권도 서서히 6부의 귀족 세력을 넘어서는 위상을 확보해 갔다. 지배자의 호칭을 으뜸가는 우두머리라는 뜻의 마립간麻立干이라고 칭한 데서도 잘 알 수 있다. 마립간은 17대 내물마립간奈勿麻立干(재위 356~402년)부터 시작하여 22대 지증왕智證王(재위 500~514년)이 503년에 중국식 왕호인 왕으로 바꿀 때까지 사용되었다. 이러한 왕권의 성장은 경주 분지 곳곳에 남아 있는 거대한 돌무지나무덧널무덤을 통해 충분히 짐작할 수 있다. 신라는 국가의 성장을 바탕으로 377년과 381년에 전진前秦에 사신을 파견해 처음으로 동아시아 국제 무대에 등장했다. 특히 381년에 파견된 사신 위두는 전진의 왕 부견에게 "해동의 상황이 옛날과 다르다"라며 신라의 성장을 과시하기도 했다.

신라는 고구려와 활발히 교류하였으며, 중국 왕조에 사신을 파견할 때에도 고구려의 도움을 받았다. 하지만 이는 선진국인 고구려가 신라에 대한 정치적 영향력을 확대하는 계기가 되기도 하였다. 훗날 광개토대왕廣開土大王(재위 391~412년)은 가야와 왜에게 공격받은 신라를 구원하기 위해 5만이라는 대군을 출병하였고, 이후 신라는 고구려의 정치적 영향 아래 있었다. 실제로 실성마립간實聖麻立干(재위 402~417년)과 눌지마립간訥祇麻立干(재위 417~458년)은 왕자 시절에 고구려에 인질로 갔으며 이들이 귀국한 후 왕위에 오를 때 고구려가 왕위 계승에도 개입했다. 특히 신라의 왕경王京에 고구려 군대가 주둔하는 등 신라가 고구려의 복속국이라고 할 수 있을 만큼 두 나라의 관계가 변화되었다. 그러나 눌지마립간 이후부터 신라는 고구려의 영향력에서 벗어나 점차 독자적인 고대 국가로 발전해갔다.

마립간과
황금 문화의 융성

신라 황금 문화의 전성기는 5세기부터 6세기 전반에 걸친 약 150년간이다. 신라 지배층들은 자신들의 지위를 과시하기 위해 왕경 중앙에 거대한 무덤을 집중적으로 만들고 그 안에 수많은 황금 유물로 치장한 주인공을 묻었다. 이 시기에 조성된 신라 지배층의 무덤에서는 매우 정형화된 금공품金工品이 출토되었다. 즉 금관과 금동관, 금귀걸이와 유리구슬 목걸이, 금과 은, 금동으로 만든 허리띠, 금팔찌와 금반지, 금동신발 등으로 죽은 자의 몸을 장식해 무덤에 묻었는데, 금은 영원히 변치 않고, 빛을 발하므로 예로부터 영원함과 고귀함을 상징하였기 때문이다.

이러한 황금 문화는 처음에는 경주에만 유행하다가 황남대총이 만들어지는 5세기에 이르러 지방으로 널리 확산되었다. 경산이나 대구, 의성, 상주, 양산 지역의 지배층들은 경주로부터 이러한 황금 장신구를 하사받고 지역사회의 지배권을 인정받았다. 그러나 경주에서 발견된 장신구와는 재질과 구성에서 차이가 있는데, 이로 보아 지역에서 황금 장신구를 사용하는 데에는 엄격한 제한이 있었던 것으로 보인다. 이러한 재질과 구성상의 제한은 당시 신라 중앙과 지방의 정치적 역학 관계를 보여 주는 동시에 지방에 대한 중앙의 우월감을 표현한 것으로 볼 수 있다.

그러나 삼국통일 이후 황금 문화의 보고라 할 수 있는 무덤에 순금 제품은 귀걸이 정도만 부장되고, 나머지는 금동 제품으로 바뀌는 양상을 보인다. 하지만 신라의 황금 문화는 사라진 것이 아니라, 불교 사원과 궁궐 등을 금으로 장식하면서 그 명성을 이어나갔다.

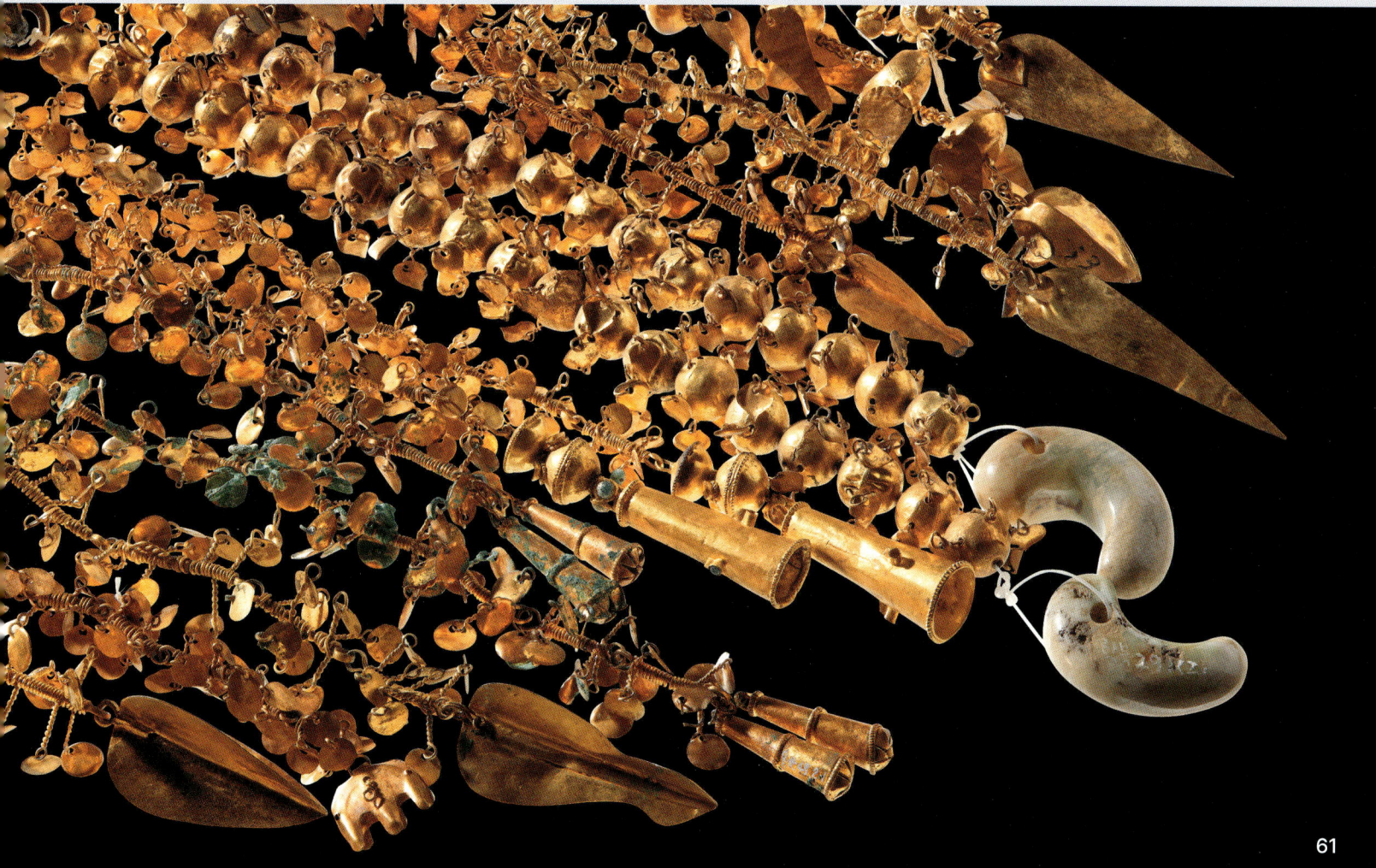

050
금바리
경주 월성로 가-13호 무덤
신라 4~5세기
높이 5.2cm(왼쪽)

051
금드리개
경주 월성로 가-13호 무덤
신라 4~5세기
길이 26.4cm(오른쪽)

052
금꾸미개
경주 월성로 가-13호 무덤
신라 4~5세기
길이 65.3cm(오른쪽)

• 신라의 금관

지금까지 알려진 신라 금관은 모두 6점이다. 신라 금관은 5세기에서 6세기 전반에 걸쳐 제작되었으며, 마립간 시기 왕족이 썼던 것으로 추정된다. 왕비의 무덤인 황남대총 북분과 어린아이의 무덤으로 밝혀진 금령총에서도 금관이 출토되었기 때문이다. 6점 중 교동 금관은 세움 장식[立飾]의 곁가지가 비스듬한 각을 이루면서 올라가는데, 나뭇가지 모양에 더 가까워 전형적인 '出'자 형태의 금관보다 이른 시기의 것으로 추정된다. 이와 달리 황남대총 북분, 금관총, 서봉총, 금령총, 천마총에서 출토된 금관은 관테[帶輪] 위에 나뭇가지 모양과 사슴뿔 모양의 장식을 덧붙여 세운 전형적인 형태이다. 금관은 얇은 금관을 오려서 만들었고, 많은 달개와 곱은옥이 달려있다. 5세기 후반으로 추정되는 황남대총 북분, 금관총, 서봉총 금관은 세움 장식의 마디수가 3단이지만 6세기 초로 추정되는 금령총과 천마총 금관은 4단으로 늦은 시기로 갈수록 세움 장식 마디수가 많아지는 양상을 보인다.

053
금관
경주 교동
신라 5세기
높이 12.8cm

054
금관
경주 황남대총 북분
신라 5세기
높이 27.3cm
국보

055
금관
경주 서봉총
신라 5세기
높이 30.7cm
보물

056
금관
경주 금관총
신라 5세기
높이 27.5cm
국보

● **천마총 금관**

천마총 금관은 6점의 신라 금관 중 가장 화려하다. 넓은 관테에 3개의 나뭇가지 모양 장식과 2개의 사슴뿔 모양 장식을 붙여 세웠다. 맞가지 세움 장식은 마디가 4단이며, 줄기와 가지가 다른 금관에 비해 빽빽하다. 관테 가장자리에는 2줄씩 연속점 무늬와 물결무늬가 표현되어 있고, 그 사이로 둥근 무늬가 있다. 세움 장식의 가장자리에도 2줄의 연속점 무늬가 배치되어 있으며, 전면에 곱은옥[曲玉]과 달개[瓔珞]가 가득 달려 있어 매우 화려하다. 관테 아래에는 한 쌍의 긴 드리개가 있다. 드리개는 가는 고리에 사슬 모양의 샛장식과 펜촉 모양의 드림을 매달았다.

057
금관
경주 금령총
신라 6세기
높이 27.0cm
보물

058
금관
경주 천마총
신라 6세기
높이 32.5cm
국보

마립간의 기념물, 거대한 무덤들

경주 시가지에는 작은 산봉우리처럼 보이는 커다란 무덤들이 집중해 있다. 대부분 네모난 모양의 나무 덧널과 돌무지를 축조하고, 덧널 안에 시신과 껴묻거리를 넣은 뒤 그 위를 흙으로 덮은 이른바 돌무지나무덧널무덤이다. 천마총과 황남대총, 금관총 등이 발굴되어 돌무지나무덧널무덤의 구조가 자세하게 알려졌다. 이 무덤은 5세기부터 6세기 전반까지 유행했는데, 왕과 왕비 또는 귀족들의 무덤으로 추정된다. 신라가 고대 국가의 기틀을 다져 가던 이 시기에 만들어진 대형 무덤은 신라 지배층의 지위를 과시하려는 당대 시대상이 반영된 마립간의 기념물이었다. 무덤 안에서는 금관 등 화려한 금제품을 비롯하여 당시 최고의 기술로 만든 신라의 생산품과 함께 외국에서 들어온 진귀한 물품이 발견되었다. 돌무지나무덧널무덤의 기원에 대해서는 시베리아 기원설 등 여러 가지 견해가 있으나 최근에는 신라에서 자생적으로 등장한 독특한 무덤으로 보는 견해도 있다.

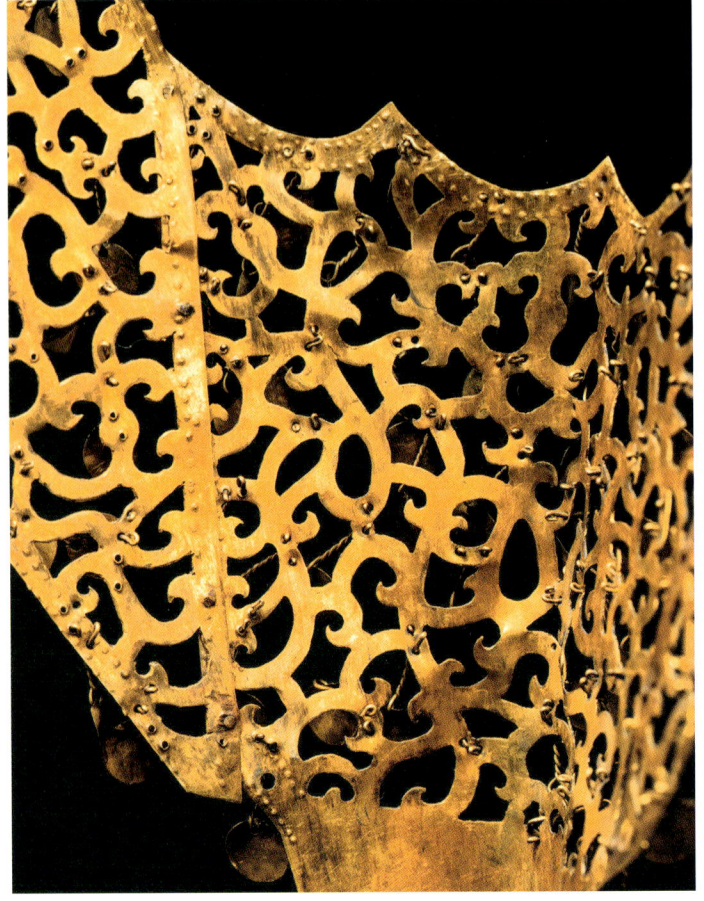

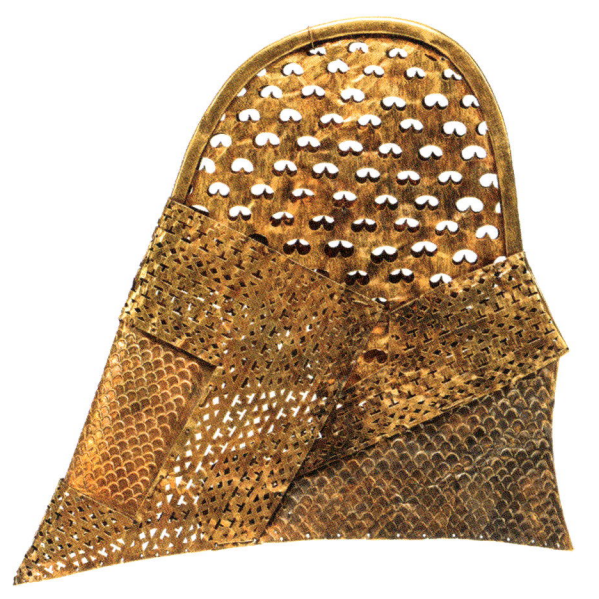

• 금관총

1921년 9월에 경주 노서리를 지나던 일본 경찰은 흙더미를 뒤지던 아이들을 보았다. 아이들은 예사롭지 않아 보이는 유리구슬을 서너 개씩 갖고 있었다. 일본 경찰은 유리구슬이 발견된 곳을 수소문해 봉황대 남쪽의 나지막한 언덕임을 확인하였다. 현장에서는 인부들이 흙을 파내고 있었고 금제품 등이 드러나 있었다. 며칠 뒤 유물 수습이 시작되고 출토된 유물을 본 사람들은 크게 놀랐다. 무덤 내부에서 금관을 비롯하여 귀걸이와 허리띠, 팔찌, 반지 등 황금 유물이 쏟아졌기 때문이다. 금관이 처음으로 출토된 이 무덤에는 '금관총金冠塚'이란 이름이 붙여졌다. 하지만 당시 전문가가 아닌 사람들이 금관총 유물을 수습했기 때문에 자세한 기록을 남기지 못했다. 2015년에 국립박물관은 금관총을 재발굴해 무덤의 구조를 이해할 수 있는 새로운 정보를 얻었다. 목곽은 이중곽이며 목조가구를 축조한 후에 측벽부에 적석을 쌓아 올리고 그 이후에 밀봉토로 덮었음을 확인하였다.

059
금 관모
경주 금관총
신라 5세기
높이 19.0cm
국보

060
금 관꾸미개
경주 금관총
신라 5세기
높이 40.8cm
국보

061
금귀걸이
경주 금관총
신라 5세기
길이 8.7cm

062
금귀걸이
경주 금관총
신라 5세기
길이 10.0cm

063
금·은꾸미개
경주 금관총
신라 5세기
길이 14.8cm
(오른쪽 위)

064
금허리띠
경주 금관총
신라 5세기
길이 109.0cm
국보

065
'尒斯智王'을 새긴 고리자루 큰칼
경주 금관총
신라 5세기
길이 87.0cm

2013년에 국립중앙박물관은 금관총 출토 고리자루 큰칼[三累裝飾大刀]을 보존처리 하던 중 칼집 끝부분에 '이사지왕尒斯智王'이라고 새긴 명문을 확인했다. '이사尒斯'는 이름, '지智'는 이름 끝에 붙이는 존칭으로, 왕의 이름이 신라 무덤에서 확인된 것은 처음이다. 또한 지금까지 확인된 왕의 이름 중 가장 오래된 기록이다. 금관총에서 명문이 새겨진 칼은 총 3자루 출토되었는데, 출토 위치는 주인공의 머리 쪽과 좌우측이다. 다만 '이사지'라는 왕명이 역사서나 금석문에서 확인되지 않으므로 실제 인물이 누구인지는 알 수 없다. 또 마립간 지위의 왕인지, 갈문왕과 같이 왕위에 오르지 못했던 왕족을 뜻하는 의미인지는 분명하지 않다. 그렇지만 금관총의 주인공은 5세기 말에 사망한 신라 최고 유력자 가운데 한 사람이라는 것은 분명하다.

명문 세부

066
은 관모
경주 황남대총 남분
신라 5세기
높이 15.4cm

• **황남대총**

황남대총은 남북 최대 길이가 120m이고 높이 22m로 신라 능묘 가운데 규모가 가장 큰 무덤이다. 두 개의 무덤을 남북으로 맞붙여서 만든 쌍분이다. 발굴 결과 남쪽 무덤을 먼저 만들고, 북쪽 무덤을 나중에 만들었는데, 내부 구조는 5세기 신라 왕족의 전형적인 무덤 형태인 돌무지나무덧널무덤임이 확인되었다. 또한 출토 인골과 껴묻거리를 연구한 결과 남쪽 무덤에는 남성, 북쪽 무덤에는 여성이 묻힌 것으로 밝혀졌다. 황남대총은 규모 면에서 가장 크고, 껴묻거리도 질적, 양적으로 탁월한 것으로 보아 무덤의 주인은 신라의 최고 통치자였던 왕(마립간)과 왕비(부인)로 추정된다. 왕은 금동관을, 왕비는 금관을 쓰고 있었다. 황남대총 남분의 축조 연대는 연구자에 따라 5세기 전엽과 중엽으로 의견이 나뉘는데, 각각 내물마립간, 실성마립간 혹은 눌지마립간의 무덤으로 비정한다.

067
금 관꾸미개
경주 황남대총 남분
신라 5세기
길이 59.0cm
보물

068
비단벌레 장식 금동허리띠
경주 황남대총 남분
신라 5세기
길이 각 4.0cm

금동허리띠는 7매의 띠꾸미개가 남아 있다. 띠꾸미개는 용무늬를 맞새김[透彫]으로 표현했다. 띠꾸미개 뒷면에는 비단벌레 날개를 세로로 겹겹이 깔아 장식하여 화려함을 더하였다. 비단벌레는 갑충류로서 딱정벌레목 비단벌레과에 속하는 곤충이다. 겉날개에 철, 구리, 마그네슘 등 금속 성분이 포함되어 있어 적색과 녹색의 금속성 광택을 낸다. 또한 일반 곤충은 날개가 7-8겹인데, 비단벌레는 17겹으로 보는 각도에 따라 다양한 빛깔을 낸다. 신라 사람들은 비단벌레의 특징을 활용하여 금동 허리띠, 말안장 꾸미개, 발걸이 등을 화려하게 장식했다.

뒷면

비단벌레

069
금동신발
경주 황남대총 남분
신라 5세기
길이 34.5cm

070
방추차형 석기
경주 황남대총 북분
신라 5세기
지름 8.1cm

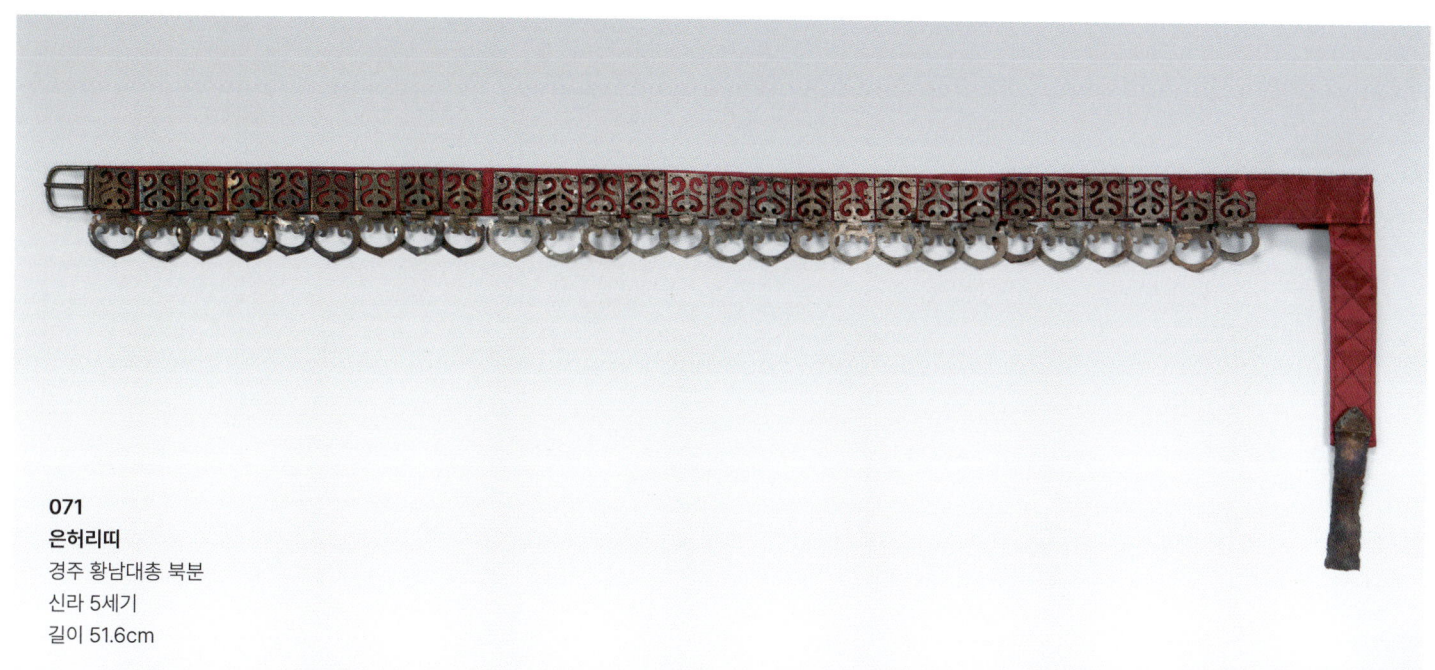

071
은허리띠
경주 황남대총 북분
신라 5세기
길이 51.6cm

072
'夫人帶'를 새긴 허리띠 끝장식
경주 황남대총 북분
신라 5세기
길이 12.3cm

황남대총에서는 금·은·금동으로 만든 허리띠가 모두 출토되었다. 금으로 만든 것은 왕족 이상만 착용할 수 있었는데, 이들은 은과 금동으로 만든 허리띠도 함께 소유했던 것으로 생각된다. 북분에서는 금·은제 허리띠만 발견되었고, 은허리띠 끝장식에 '부인대夫人帶'라는 글씨가 새겨져 있다. 이로 볼 때, 북분의 주인은 여성이었음을 알 수 있다.

073
고리자루 칼
경주 황남대총 남분
신라 5세기
길이 32.0cm(왼쪽)

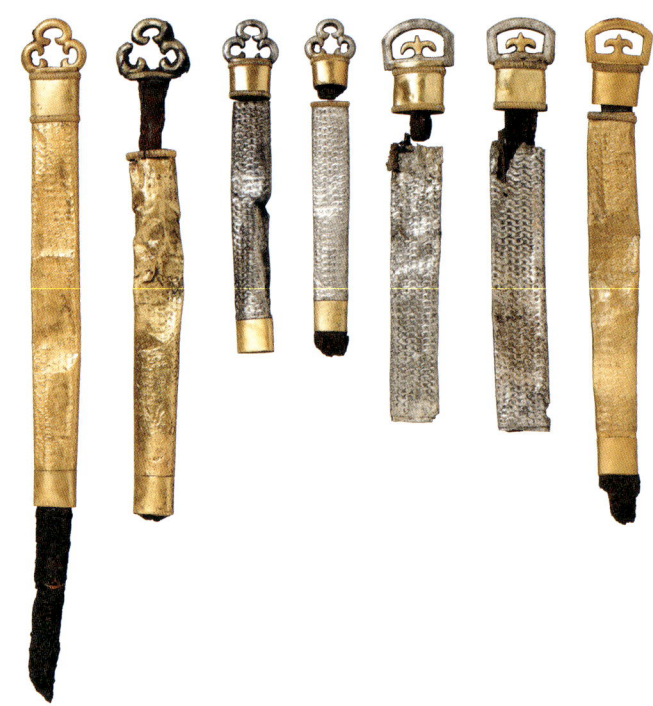

074
금 은그릇
경주 황남대총
신라 5세기
높이 9.1cm(왼쪽 뒤)

신라의 대형 돌무지나무덧널무덤에서는 금과 은으로 만든 굽다리 접시, 합, 항아리, 사발 등이 출토되었다. 금과 은으로 만든 굽다리 접시는 신라 토기 굽다리접시를 그대로 모방해서 만들었는데, 그릇 입술 끝은 금실로 하트 모양의 달개를 달아 장식했다. 합은 바닥이 편평하고 뚜껑의 연꽃 받침 위에 둥근 꼭지가 달려 있는데 신라 토기에서는 찾아볼 수 없는 형태이다. 그릇의 입술과 꼭지에만 도금한 독특한 은합도 출토되었다. 이러한 귀금속 그릇은 왕릉급의 대형 무덤에서만 출토되는 것으로 보아 왕족을 위해 제작된 것으로 보인다.

075
청동합
경주 황남대총 남분
신라 5세기
높이 12.0cm(오른쪽)

076
청동솥·청동자루솥
경주 황남대총
신라 5세기
높이 16.8cm(오른쪽)

077
부리 달린 항아리
경주 황남대총 남분
신라 5세기
길이 16.2cm(오른쪽)

078
국자
경주 황남대총 남분
신라 5세기
길이 38.6cm(위)

079
금동안장
경주 황남대총 남분
신라 5세기
길이 55.3cm

080
은팔뚝가리개
경주 황남대총 남분
신라 5세기
높이 35.0cm(앞쪽)

081
발걸이
경주 황남대총 남분
신라 5세기
길이 23.0cm(왼쪽 위)

082
말띠꾸미개
경주 황남대총 남분
신라 5세기
길이 4.8cm(왼쪽)

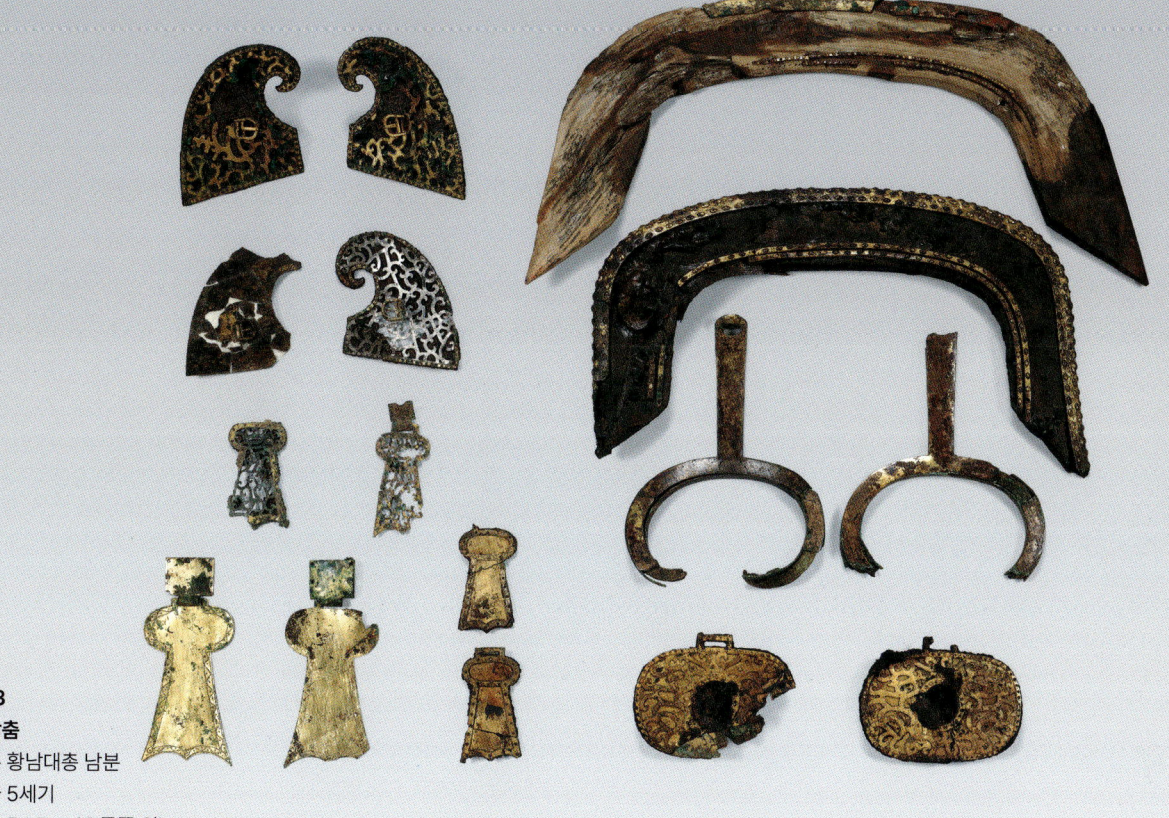

083
말갖춤
경주 황남대총 남분
신라 5세기
길이 54.7cm(오른쪽 위)

084
말갖춤
경주 황남대총 남분
신라 5세기
길이 13.8cm(왼쪽 아래)

085
투겁창
경주 황남대총 남분
신라 5세기
길이 62.2cm(가운데)

• **천마총**

천마총의 규모는 지름 47m, 높이 13m로 경주 대릉원 일원의 무덤들 중 중간 규모에 속한다. 무덤 구조는 전형적인 신라의 돌무지나무덧널 무덤으로 덧널과 그 주변으로 돌무지를 만들고 덧널 안에 황금 장신구를 착용한 시신을 넣은 널을 안치했다. 덧널 안 시신 머리 위에는 별도의 껴묻거리 상자를 마련하고 말갖춤 등을 넣었는데 여기에서 천마도가 출토되었다. 무덤의 주인은 금관, 금귀걸이, 가슴꾸미개[胸飾], 금허리띠, 큰칼 등을 착용하고 있는데, 착장한 금공품과 껴묻거리의 수준을 볼 때 6세기 전반의 지위가 높은 왕족 또는 귀족이었음을 알 수 있다.

086
금 관모
경주 천마총
신라 6세기
높이 19.0cm
국보

087
금 관꾸미개
경주 천마총
신라 6세기
높이 40.8cm
보물

088
금 관꾸미개
경주 천마총
신라 6세기
높이 23.0cm
보물

089
죽제 천마무늬 금동장식 말다래
경주 천마총
신라 6세기
56.0×81.0cm

말다래는 말을 타는 사람에게 진흙이 튀지 않게 막아 주는 말갖춤이다. 안장의 양쪽에 매달아 사용하여 2점이 한 쌍을 이룬다. 천마총에서는 껴묻거리 상자 안에서 3종의 말다래가 확인되었다. 가장 위에 죽제 말다래가 있었고, 그 밑에 백화수피제 말다래 2장이 위아래로 겹쳐 있었으며, 가장 아래에 칠기제 말다래가 있었다.

백화수피제 말다래는 자작나무 껍질로 직사각형 판을 만들고 그 위에 하얀 천마와 넝쿨꽃무늬 등을 그렸다. 우리에게 가장 잘 알려진 천마도는 바로 이 말다래로, 위쪽 말다래의 보호를 받아 그림 부분이 상대적으로 잘 남아 있었다. 죽제 말다래와 칠기제 말다래는 유기질이라서 발굴 당시부터 보존 상태가 매우 좋지 않았다. 특히 칠기제 말다래는 거의 남아 있지 않아 말다래인지 분간하기도 어려웠다고 한다.

090
백화수피제 천마도 말다래(위)
경주 천마총
신라 6세기
54.7×73.5cm
국보

091
백화수피제 천마도 말다래(아래)
경주 천마총
신라 6세기
55.2×73.2cm
국보

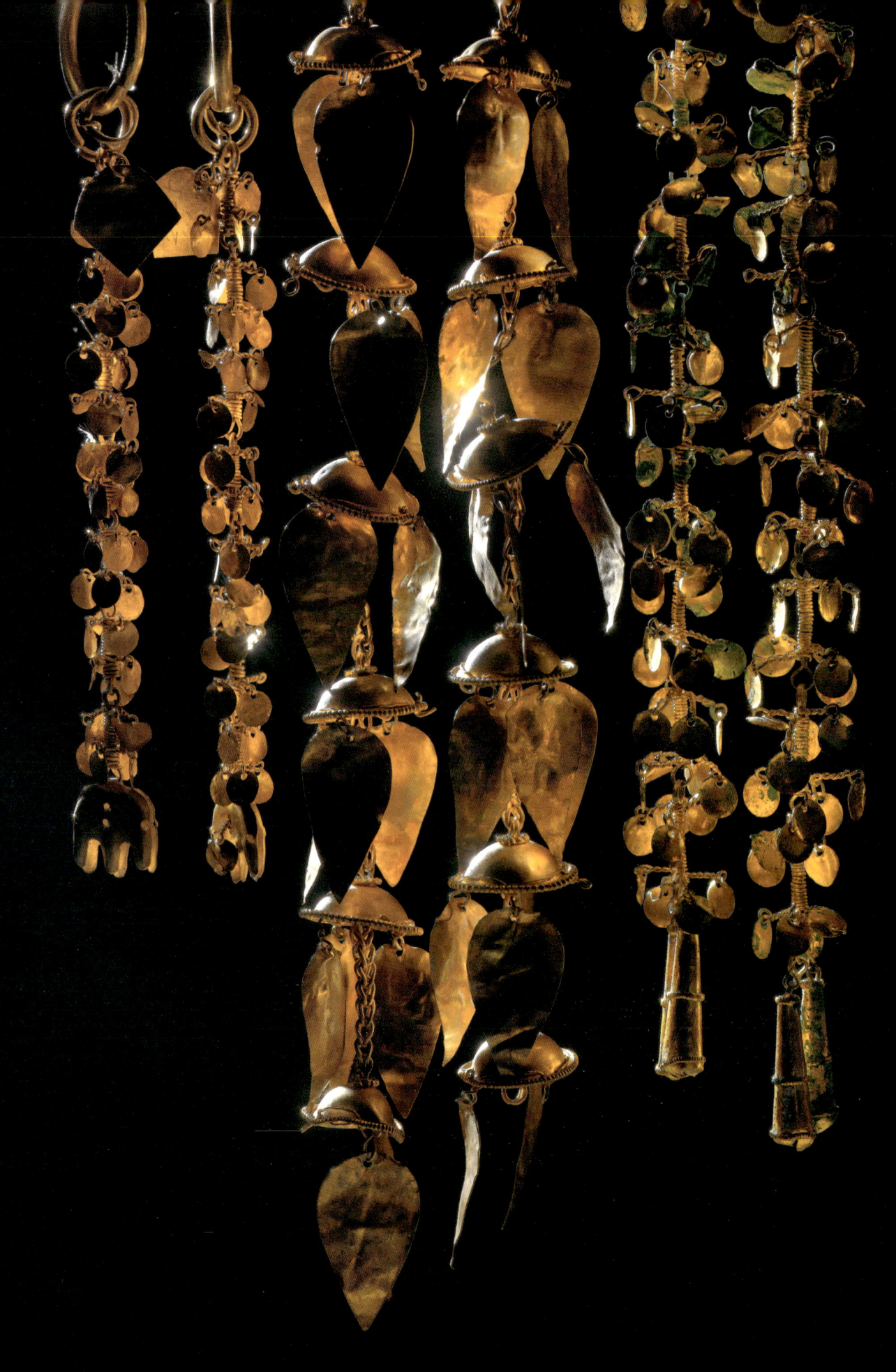

금공품과 신성한 권력

마립간 시기 지배층들은 금·은·금동으로 화려하게 세공한 금공품으로 신체와 복식을 장식해 그들의 권력을 과시했다. 대표적으로 금관과 금허리띠는 그 어떤 금공품보다 권력의 정통성과 신성함을 드리내는 최고 지배자의 상징이었다. 상대적으로 지위가 낮은 중앙과 지방의 세력들은 금동관과 은과 금동으로 만든 허리띠를 소유하였다. 이와 함께 귀걸이, 드리개, 반지, 팔찌 등도 금으로 화려하게 제작하여 권력을 드러냈다. 금 외에도 신라 사람들은 유리와 옥으로도 자신을 치장하였다. 실제 황남대총을 비롯하여 신라 무덤에서 많은 양의 옥과 유리로 만든 목걸이와 가슴걸이가 출토되었다. 유리는 여러 가지 모양과 색깔을 자유롭게 만들 수 있는 재료로 색도 남색, 흰색, 청색, 황색, 녹색, 적색 등 다채롭게 낼 수 있었다. 더 나아가 상감 기법을 이용해 하나의 유리 구슬에 여러 색깔을 표현하기도 하였는데, 남색 유리에 흰색 또는 황색 유리를 반점 모양으로 넣은 것이 많다.

092
금꾸미개
경주 금관총
신라 5세기
길이 11.3cm(삼각형)

093
금꾸미개
경주 금관총
신라 5세기
길이 30.0cm

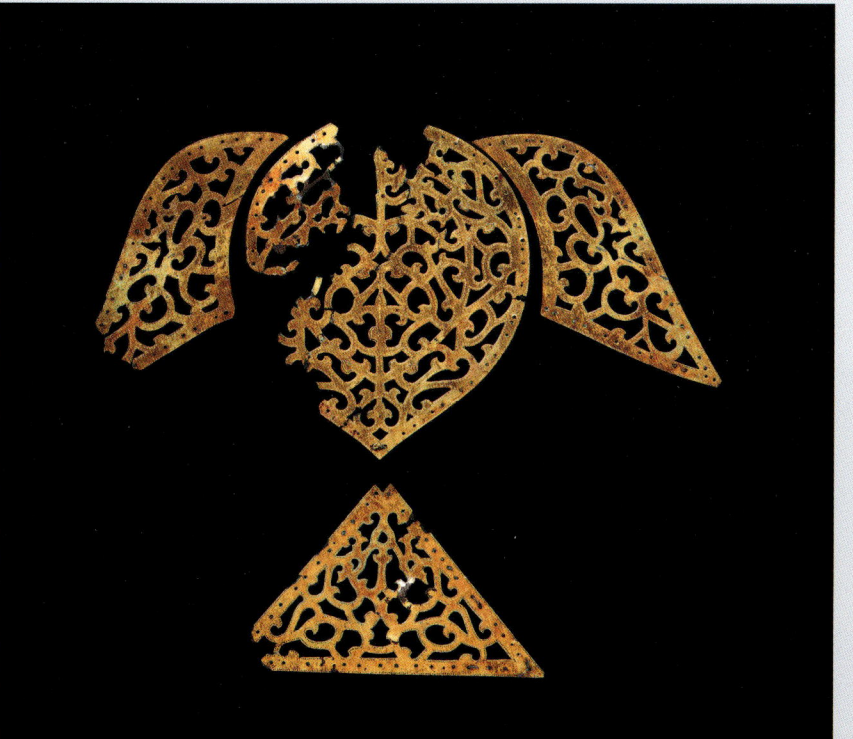

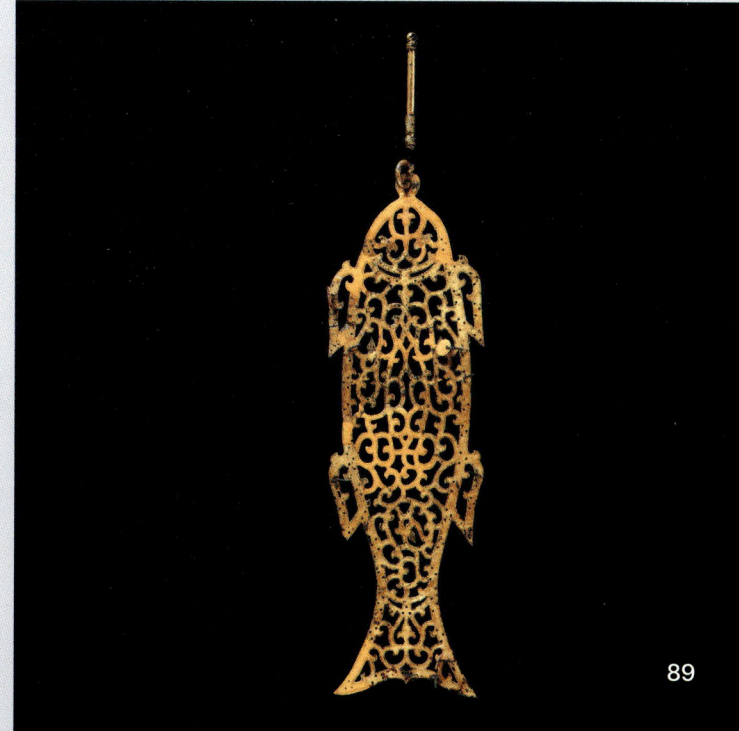

금귀걸이는 상류층 신라인들에게 가장 기본적인 장신구였다. 고리로만 된 간단한 귀걸이도 있지만 왕족의 무덤에서 출토된 것은 매우 정교하고 화려하게 제작되었다. 특히 6세기 귀걸이 가운데는 아주 작은 금 알갱이를 촘촘하게 붙여서 장식하는 누금鏤金 기술을 사용한 것과 여러 색깔의 옥이나 유리를 박아 넣어 만든 것도 있는데, 당시 신라인들의 미적 수준과 뛰어난 세공 기술을 보여 준다. 귀걸이는 중심 고리의 굵기에 따라 굵은 고리[太環]와 가는 고리[細環]로 나누는데 전자를 여성용, 후자를 남성용으로 보는 견해가 있다.

094
금귀걸이
경주 황오동 5호 무덤
신라 5~6세기
길이 8.5cm

095
금귀걸이
경주 천마총
신라 6세기
길이 6.0cm

096
금귀걸이
경주 천마총
신라 6세기
길이 5.0cm

097
금귀걸이
경주 황오동 4호 무덤
신라 5~6세기
길이 9.6cm

098
금귀걸이
경주 천마총
신라 6세기
길이 6.2cm

099
금귀걸이
경주 노서동 138호 무덤
신라 5~6세기
길이 10.5cm

100
금귀걸이
경주 계림로 14호 무덤
신라 5~6세기
길이 7.0cm

101
금귀걸이
경주 황남대총 남분
신라 5세기
길이 5.5cm

102
금귀걸이
경주 황오동 14호 무덤
신라 5세기
길이 6.1cm

103
금귀걸이
경주 황남동 151호 무덤
신라 5~6세기
길이 7.3cm

104
금귀걸이
경주 황남동 82호 무덤
신라 5~6세기
길이 6.9cm

105
금드리개
경주 황남대총 북분
신라 5세기
길이 19.2cm

신라 금관에는 여러 모양의 드리개가 달려 있는데, 중심고리[主環] 아래에 길게 이은 샛장식[中間飾]과 드림[垂下式]으로 구성되어 있다. 샛장식은 동일한 장식 여러 개를 이어 만들었으며, 금실로 달개를 촘촘하게 붙였다. 그 끝에는 펜촉 모양의 금판이나 곱은옥으로 만든 드림을 달았다. 금관에서 드리개는 머리띠 아래를 장식하는 역할을 하므로 비록 관 없이 한 쌍씩 무덤에서 출토되는 드리개도 관의 장식으로 추정된다. 귀걸이와 비슷하나 샛장식이 더 길다는 점에서 차이가 있다.

106
금드리개
경주 황남대총 북분
신라 5세기
길이 25.9cm

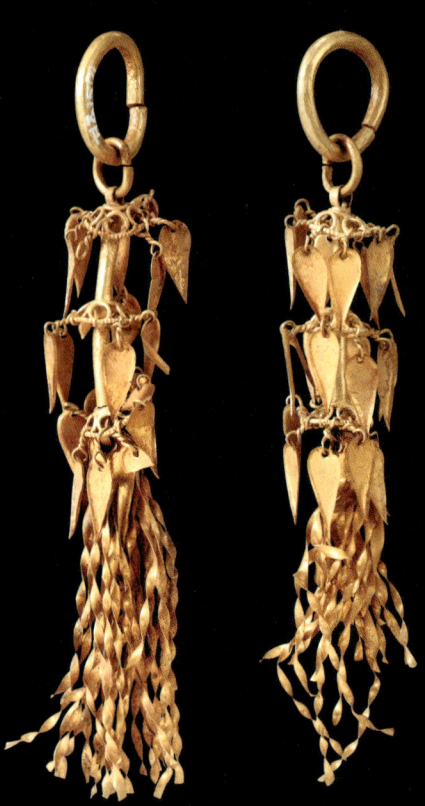

107
금드리개
경주 황오동
신라 5~6세기
길이 9.0cm

108
금드리개
경주 미추왕릉 C지구 4호 무덤
신라 6세기
길이 16.8cm
보물

109
금드리개
경주 교동
신라 5세기
길이 13.0cm

110
금드리개
경주 황남대총 북분
신라 5세기
길이 18.5cm

111
금드리개
경주 황오동
신라 5~6세기
길이 20.6cm

112
금반지
경주 일원
신라 5~6세기
지름 2.5cm(아랫줄 가운데)

반지는 무덤의 껴묻거리 상자나 덧널 상부에서 출토되기도 하지만, 대부분 무덤 주인공의 손에 끼워진 채 출토된다. 금·은을 이용해 만들었으며 가운데 장식을 다양하게 제작했다. 천마총 출토 반지는 가운데 부분을 위아래로 뾰족하게 돌출시켜 간결한 장식을 만들었다. 화려함과 단순함을 동시에 추구한 신라인의 미의식을 신라의 반지에서 엿볼 수 있다.

113
금팔찌
경주 인동총·경주 천마총·경주 황남대총 북분
신라 5~6세기
지름 7.3cm(왼쪽)

신라의 팔찌는 주로 금·은·금동으로 만들었다. 대부분은 속이 찬 금·은봉을 구부려 만드는데 일부는 속이 빈 것도 있다. 5세기 대의 신라 팔찌는 황남대총 북분 출토품처럼 둘레에 아무런 장식이 없거나, 금관총 출토품처럼 표면에 새김눈무늬를 장식한 것이 유행한다. 6세기부터는 천마총 팔찌처럼 표면에 둥근 돌기를 장식한다. 이외에 팔찌 표면 돌기에 유리를 끼워 장식하거나, 용무늬를 표현한 것, 그리고 청남색의 터키석을 박아 화려하게 장식한 팔찌도 신라 능묘에서 확인된다.

세부

114
금목걸이
경주 황남대총 남분
신라 5세기
길이 66.4cm
국보

115
가슴걸이
경주 월성로 가-13호 무덤
신라 4~5세기
길이 43.5cm

116
가슴걸이
경주 천마총
신라 6세기
길이 63.0cm
보물

가슴걸이는 목 앞쪽에 늘어뜨리는 보통 목걸이와 달리 가슴 전체와 배까지 드리운다. 천마총 가슴걸이는 푸른색과 연녹색의 유리구슬과 금구슬을 6줄로 꿰어 만들었다. 가슴 쪽은 'U'자형으로 늘어뜨리고 양쪽 끝 일부는 등 뒤로 넘겼다. 목걸이의 가운데에는 큰 곱은옥 1점을 끼웠으며 반대쪽 양끝에도 작은 곱옥을 달았다. 가슴걸이 중간중간에 6개의 구멍이 있는 금판을 끼워 넣어 줄이 엉키는 것을 방지하면서 장식성을 더했다. 이러한 대형 가슴걸이는 주로 대형 돌무지나무덧널무덤에서만 확인되므로 최고 지위의 사람만 가질 수 있는 물건임을 알 수 있다.

신라 토기의 제작과 확산

신라 토기는 신라 지역에서 출토되는 경질토기 硬質土器와 연질토기軟質土器를 말한다. 이 가운데 경질토기는 물레를 이용하여 빚은 뒤 밀폐된 굴가마에서 1,000℃ 이상의 높은 온도로 구웠다. 회청색을 띠며 두드리면 쇳소리가 날 정도로 매우 단단하다. 신라 토기의 종류로는 항아리, 굽다리접시, 손잡이잔, 뚜껑접시, 그릇받침 등의 생활 용기와 동물·배·수레·등잔 모양의 상형토기象形土器 등이 있다. 토기에는 여러 가지 무늬가 새겨져 있다. 처음에는 항아리의 목이나 어깨 또는 뚜껑 위에 물결무늬[波狀集線文]와 점무늬[點列文]를 새기다가 차츰 줄무늬[集線文], 고리점무늬[圓圈文], 세모무늬[三角文], 톱날무늬[鋸齒文] 등의 기하학적인 무늬로 바뀐다.

신라 토기는 무덤 부장용으로 수요가 늘어남에 따라 점차 규격화되고 대량 생산되었다. 5세기 이후 주변 지역에 대한 신라의 영향력이 커지면서 규격화된 신라 토기는 신라에 새롭게 편입된 지역으로도 확산되었다. 신라 영역에서 발견된 토기는 대부분 동일한 양식이지만 지역마다 약간씩 차이를 보이기도 한다.

117
여러 종류의 토기
경주 황남대총 남분·영덕 괴시리
신라 5~6세기
높이 10.5cm(왼쪽)

118
**그릇받침과
굽다리 긴목 항아리**
경주 덕천리·경주 인왕동
경주 황남대총 남분·영덕 괴시리
신라 5~6세기
높이 43.9cm(왼쪽)

119
그릇받침과 뚜껑 달린 굽다리접시
경주 황남대총 북분
신라 5세기
높이 16.4cm(그릇받침)

120
그릇받침
경주 황남대총 남분
신라 5세기
높이 53.8cm(뒤쪽)

121
상형토기
경주 덕천리·경주 사라리·경주 미추왕릉지구
신라 4~6세기
높이 20.0cm(왼쪽)

122
집모양 토기
경주 사라리 5호 무덤
신라 4세기
높이 20.3cm

긴 굽다리 위에 집을 얹은 모양의 토기이다. 집은 맞배지붕으로 골이나 용마루가 없이 밋밋한 것으로 볼 때 초가집일 가능성이 크다. 굴뚝으로 보이는 한쪽 지붕에 뚫려 있는 둥근 구멍, 지붕 아래의 들보, 손잡이 달린 창문 등은 당시의 집 모양을 잘 보여 준다. 죽은 뒤에도 현세처럼 편안하게 지내기를 바라는 염원을 담아 무덤 속에 넣은 것으로 보인다.

123
서수모양 토기
경주 미추왕릉지구 C지구 3호 무덤
신라 6세기
높이 12.5cm
보물

거북과 같이 둥글고 납작한 몸통에 머리와 꼬리는 용 모습을 한 독특한 형태이다. 툭 불거진 눈망울, 금방이라도 불길을 뿜을 듯이 벌어진 입과 길게 뻗은 혀가 매우 섬세하게 표현되어 있다. 정수리에서 꼬리에 이르기까지 12개의 등지느러미가 달려 있는 모습이 신령스러워 보인다. 몸통 끝부분에는 반구형半球形의 깔때기가 있으며 목과 배의 연결부에는 비스듬히 뻗은 대롱 모양의 출수구出水口가 있다. 몸통의 가장자리를 따라 모두 6개의 귀걸이 모양 달개가 달려 있다.

토우土偶는 '흙으로 만든 인형'이라는 뜻이다. 토우는 경주 황남동 유적, 미추왕릉지구, 노동동 11호 무덤, 쪽샘지구 B6호 무덤 등 수도인 경주의 중심 무덤에서 집중적으로 발견된다. 토우는 크게 인물 토우와 동물 토우로 나눌 수 있다. 인물 토우는 단순하고 익살스럽게 표현되었는데, 춤추고 노래하는 사람, 말이나 배를 타고 있는 사람, 성기가 강조된 남녀상 등 당시의 생활 모습과 함께 다산과 풍요를 기원하는 주술적 의미를 담고 있다. 동물 토우는 사실적이면서도 간략하게 묘사된 것이 특징이다. 말, 토끼, 돼지, 닭, 오리 등의 가축과 호랑이, 멧돼지, 사슴, 뱀, 새 등의 금수류 그리고 게, 불가사리, 물고기 등의 어패류, 심지어 상상의 동물인 용에 이르기까지 종류가 매우 다양하다.

신라에서 확인되는 토우들은 본래 굽다리접시 뚜껑이나 긴목 항아리에 장식으로 붙어 있던 것이다. 토우장식 토기는 무덤 둘레돌 주변의 제사 유구에서 발견되는 경우도 있으나, 주로 장례 시에 무덤 안에 껴묻거리로 넣었던 것으로 보인다. 토우장식 토기는 신라인의 사후 세계에 대한 인식과 장송 의례의 특징을 비롯하여 당시의 일상생활과 미적 감각을 알 수 있게 하는 유물이다.

124
인물·동물 토우
경주 황남동·출토지 모름
신라 5~6세기
높이 26.0cm(왼쪽 뒤)

125
토우장식 토기
경주 월성로 고분·출토지 모름
신라 5~6세기
높이 11.0cm(왼쪽)

126
그림을 새긴 뚜껑
경주 계림로 47호
신라 5세기
지름 15.0cm

127
말을 새긴 뚜껑
출토지 모름
신라 5~6세기
지름 21.0cm

128
토우장식 항아리
경주 미추왕릉 12지구
신라 5세기
높이 40.5cm
국보

1973년에 지금의 경주 대릉원 주변 미추왕릉지구 정화사업을 위해 실시한 발굴 조사에서 출토되었다. 긴목 항아리에 다양한 형상의 토우를 부착하여 장식 효과를 낸 신라의 대표적인 토우장식 항아리이다. 항아리 형태는 경주 지역에서 많이 출토되는 5세기대의 양식이다. 목과 몸통 상부를 가로 선무늬[橫沈線]로 구획하고 내부에 원형과 직선 문양을 같은 간격으로 배치하였다. 항아리의 목과 어깨 부분에는 개구리의 뒷다리를 물고 있는 뱀과 오리 모양 토우를 세 곳에 일정한 간격으로 배치하고, 그 사이사이에 성기가 강조된 남자, 신라금新羅琴을 타고 있는 사람, 성행위 자세의 남녀상, 물고기·새·거북 등으로 장식하였다. 남자상은 머리를 포함한 신체 일부가 떨어져 나갔으나 남근男根이 강조되어 있다. 여자상은 남자상보다 크게 표현되어 있는데 이는 풍요를 상징하는 여성의 능력을 나타내기 위한 것으로 여겨진다. 동물 토우들은 일상생활에서 가까이 지내는 가축, 신성시되는 동물, 장수와 재생의 의미를 지닌 동물로 표현했다. 순간 포착된 생동감과 진흙의 투박함이 넘치는 토우장식들은 신라인의 생활상뿐만 아니라 당시 사람들의 정신세계를 보여 준다.

113

IV.

삼국통일과 신라의 번영

503년 지증마립간은 나라 이름을 '덕업이 나날이 새로워지고[德業日新] 사방을 아우른다[網羅四方]'라는 뜻의 신라新羅로 정하였다. 국왕의 호칭도 '마립간'에서 중국식인 '왕'으로 바꾸었고, 505년에는 주군현州郡縣을 정하였다. 법흥왕法興王(재위 514~540년)은 520년 율령을 반포하고 골품제와 관등제를 정비하였으며, 불교를 국가 종교로 삼았다. 이런 과정을 거치면서 국가 권력은 왕에게 더욱 집중되었다. 진흥왕眞興王(재위 540~576년)은 활발한 정복 전쟁으로 영토를 넓혔고, 551년에는 한강 유역까지 진출하여 대외 교역의 교두보를 마련하였다.

무열왕武烈王(재위 654~661년)은 이를 바탕으로 삼국통일을 준비하였다. 그는 중국 당나라의 문물과 제도를 적극적으로 받아들이고, 군사 외교를 펼쳐 660년 백제를 멸망시켰다. 668년(문무왕文武王 8)에는 나·당 연합군이 고구려 평양성을 포위하여 보장왕의 항복을 받아냈다. 이로써 통일전쟁은 끝났으나, 당나라는 패강(대동강) 이남의 땅을 신라 영토로 인정한다는 약속을 어기고 백제와 고구려 영토뿐만 아니라 신라까지 차지하려는 야욕을 드러냈다. 신라는 백제와 고구려의 부흥군을 지원하며 당나라와의 전쟁을 시작하였다. 신라는 675년 매소성(경기도 연천) 전투와 676년 기벌포(충청남도 서천) 전투에서 크게 승리하면서 나당전쟁을 승리로 이끌었다.

통일전쟁을 성공적으로 마치면서 왕실의 권위가 크게 높아졌고, 중국 당나라에서 도입한 정치제도와 유학의 확산에 힘입어 왕권이 강화되었다. 이에 따라 귀족 중심의 화백회의和白會議 기능은 축소되고, 그 의장인 상대등上大等의 권한도 줄어들었다. 반대로 왕의 직속 기관인 집사부執事部와 그 수장인 중시中侍의 권한은 강화되었다. 뿐만 아니라, 9주 5소경의 행정 조직과 9서당 10정의 군사 조직을 왕경과 지방에 배치하였다. 왕권에 위협이 되는 귀족 세력을 견제하고자 녹읍을 폐지하고 직위에 따라 봉록을 분배하였다. 정치 제도가 정비되면서 왕권은 지속적으로 강화되었다.

불교의 수용과 왕권의 강화

불교는 신라 눌지마립간(재위 417~458년) 때 고구려에서 온 승려 묵호자墨胡子가 전했다고 한다. 당시 신라에는 국가의 대표적인 종교가 없었고, 귀족들은 각자의 조상신이나 산천신을 숭배하고 있었다. 따라서 불교가 전래된 초기에는 귀족들의 반대와 전통 신앙과의 갈등으로 불교가 자리 잡기 어려웠다. 신라의 불교는 전래 후 100여 년이 지난 527년(또는 528년)에 이차돈異次頓의 순교로 공인되었다.

불교는 신앙체계가 논리적이고, 석가모니를 중심으로 하는 예배 대상들의 존재감이 뚜렷하였다. 또한 사회적 갈등을 통합하는 역할과 함께 윤회輪廻 사상을 기반으로 신분 질서를 공고히 하는 사상적 기반을 제공하였다.

왕실은 귀족과 백성에게 부처에 대한 신앙을 강조하여 사상적 통일을 이루고, 왕과 왕족을 신격화하고자 하였다. 즉 왕과 부처를 동일시하는 '왕즉불王卽佛' 사상으로 다른 사람과는 차별되는 존재로서의 왕의 권위를 정립하였다. 이처럼 신라의 불교는 왕실의 보호를 받으며, 국가 종교로 발돋움할 수 있었다. 534년 법흥왕이 서라벌(경주) 사람들이 신성하게 여기던 천경림天鏡林의 숲을 걷어내고 신라 최초의 절인 흥륜사興輪寺를 지은 것은 불교가 신라 사회에 주된 사상으로 뿌리내리는 모습을 잘 보여준다.

지배 체제의 강화와 화랑도의 육성

신라는 6세기 이후 중앙 집권 체제를 갖추면서 지배 체제를 강화하였다. 현재까지 영남 지방에서 발견된 신라의 비석을 통해 신라의 제도를 정비하고 지배 체제를 갖추어 나가는 당시 신라의 상황을 살펴볼 수 있다. 포항 중성리비, 포항 냉수리비, 울진 봉평리비, 대구 무술명 오작비, 영천 청제비 등에는 당시 왕의 역할, 법률, 백성의 동원 등 신라의 행정 조직과 사회 제도를 이해하는 많은 정보가 담겨 있다. 이와 같은 지배 체제의 강화로 신라는 6세기에 비약적으로 영토를 확대할 수 있었다.

진흥왕은 넓어진 영토를 효율적으로 관리하고, 필요한 인재를 키우고자 화랑도花郞徒를 만들었다. 화랑도는 화랑花郞과 낭도郞徒로 이루어졌다. 진골 출신의 귀족이 화랑이 되었으며, 화랑은 수백에서 수천 명에 이르는 낭도를 거느렸다. 이들은 명승지를 유람하며 심신을 단련하고, 유학儒學 등 학문을 배우고 익혔다. 602년 중국에서 돌아온 원광법사圓光法師는 자신을 찾아온 귀산貴山과 추항箒項에게 다섯 가지의 계율 즉 세속오계世俗五戒를 가르쳤다. 이것은 화랑의 덕목이 되었고, 임신서기석壬申誓記石에 새겨진 두 청년의 다짐 속에도 이러한 가르침이 잘 나타나 있다. 화랑도는 신라의 삼국통일 과정에서 주역으로 활약하였다.

129
임신서기석
경주 금장리
신라 6~7세기
높이 32.0cm
보물

임신서기석은 임신년 6월 16일에 두 사람이 함께 3년 동안 유교의 사상과 도덕을 공부하고, 그것을 몸소 실천하며, 나라가 어지러워지면 나라를 위하여 적극 나설 것을 맹세한 사실을 기록한 비석이다. 비문에는, '임신년 6월 16일에 두 사람이 함께 맹서하며 쓴다. 지금으로부터 3년 이후에 충도忠道를 집지執持하고 과실이 없기를 하늘 앞에 맹서한다. 만약 이 일을 게을리하면 하늘로부터 큰 죄를 얻을 것이다. 만약에 나라가 불안하고, 세상이 크게 어지러워지면 적극 나설 것을 맹서한다. 먼저 신미년 7월 22일에 시詩, 상서尙書, 예기禮記, 춘추전春秋傳을 차례로 3년 안에 습득하기로 크게 맹서하였다.'라는 내용이 있다. 이러한 사실은 당시 신라가 유교를 널리 수용하였음을 알려준다. 비문을 지은 연대에 대해서는 여러 견해가 있다. 552년(진흥왕 13), 612년(진평왕 34), 672년(문무왕 12), 732년(성덕왕 31) 등의 제작설이 있는데, 문장의 형태로 보아 삼국통일 이전에 비문을 지은 것으로 보고 있다.

130
포항 중성리비
포항 중성리
신라 501년
높이 105.6cm
국보
국립경주문화유산연구소

지금까지 발견된 신라의 비석 가운데 가장 빠른 시기인 501년(지증왕 2)에 세워진 것으로 추정된다. 비문은 사간지궁沙干支宮과 일부지궁日夫智宮이 모단벌牟旦伐의 재산을 빼앗았으니 그에게 다시 돌려줄 것을 명하고, 이에 대해 말썽을 일으키는 자는 중벌에 처한다는 내용이다. 왕은 중성리 일대에서 벌어진 재산 다툼 문제를 처리하고 그 내용을 비석에 새겨 다시는 그런 분쟁이 일어나지 않도록 하였다.

131
명활산성 작성비
경주 보문동 명활산성 성벽 터
신라 551년
높이 66.8cm

132
남산신성비
경주 남산
신라 591년
높이 91.0cm(제1비)

남산신성비는 591년(진평왕 13) 남산에 신성新城을 쌓고, 축성에 참여한 지방관 및 지방민에 관하여 기록한 비이다. 『삼국사기』「신라본기」 진평왕 13년(591)조와 『삼국유사』「문호왕법민文虎王法敏」조에도 남산 신성의 축조 기사가 기록되어 있다. 현재까지 남산신성비와 관련된 내용의 비석이 10개가 발견되었다. 모두 비의 첫머리에 '신해년(591) 2월 26일 남산 신성을 쌓을 때, 법에 따라 쌓은 지 3년 만에 무너지면 죄로 다스릴 것을 널리 알려 서약하게 한다'라는 공통된 문장으로 시작하는 것이 특징이다.

지방관 이름에 보이는 지명은 현재의 지명에서 보면, 경주를 비롯하여 함안, 옥천, 영주, 고성 등지로 나타난다. 이는 남산 신성의 축조를 위하여 당시 신라 전체에서 노동력을 동원하였음을 말해준다. 『삼국사기』와 『삼국유사』의 기록에 따르면, 남산 신성의 둘레는 대략 2,800여 보였다. 개별 집단이 분담한 거리가 7보 8척에서 길게는 21보 1척이었다고 하니, 적어도 200여 집단이 동원되었음을 추정할 수 있다.

제5비

제6비

제7비

제8비

제1비

제4비

제3비

제9비

불교의 공인, 사찰을 세우다

5세기에 신라에 전해진 불교는 법흥왕 대에 이르러 이차돈의 순교로 공식적인 종교로 인정받았다. 신라 왕실은 불교를 적극적으로 받아들였고, 불교 사상과 신앙은 신라 사람들의 삶 전반에 깊이 스며들었다. 신라 하대에 김용행金用行이 찬술한 '아도화상비我道和尙碑'에 칠처가람七處伽藍으로 열거된 경주 흥륜사, 영흥사, 황룡사, 분황사, 영묘사, 천왕사, 담엄사 외에도 경주에 많은 절이 지어졌고, 신라 곳곳에 불법佛法이 성행했다. 진흥왕은 왕경 안에 큰 절을 세워 나라의 힘을 모으고자 하였다. 544년에 진흥왕은 신라 최초의 절인 흥륜사를 완공하였고, 553년에는 황룡사를 짓기 시작하여 566년에 완성하였다. 574년에는 황룡사에 장육존상丈六尊像이라는 큰 불상을 모셨다. 선덕여왕善德女王(재위 632~647년)은 즉위 후 많은 절을 세웠는데, 634년에는 황룡사 옆에 '향기로운 왕의 절'이라는 뜻의 분황사를 지었다. 또, 643년에는 왕의 위엄을 세우고 부처님의 도움으로 국가의 위기를 극복하고자 황룡사에 구층목탑을 세우기 시작하여 645년에 완공하였다.

133
이차돈 순교비
경주 동천동
통일신라 817년(또는 818년)
높이 106.0cm

『삼국유사』에는 이차돈의 목을 베자 목에서 우윳빛의 흰 피가 솟아 올랐고 머리는 금강산에 떨어졌으며 하늘에서 꽃비가 내렸다고 쓰여 있다. 그의 죽음을 추모하기 위해 건립한 이 비석은 여섯 면으로 이루어졌으며, 한 면에는 이차돈의 순교 장면을 부조로 새겼다. 나머지 면에는 불교를 널리 전파하려는 법흥왕의 의지, 이차돈과 법흥왕의 대화, 불교 공인을 둘러싼 왕과 신하들의 대립, 이차돈의 죽음 등이 기록되어 있다. 이 비는 불교 공인의 순간을 글과 그림으로 담은 중요한 비석이다. 불교 공인은 신라의 사회와 문화에 큰 영향을 주었다.

• 흥륜사

흥륜사興輪寺는 칠처가람 중 하나로 경주 천경림天鏡林에 세워진 신라 최초의 절이다. 544년(진흥왕 5)에 고쳐 짓고 '대왕 흥륜사'로 불렀다. 절에는 승려 각덕覺德이 중국 남조 양나라에서 가져온 석가모니의 사리와 보현보살이 그려진 벽화가 있었다. 선덕여왕 대에는 삼존불상을 모셨으며, 금당에는 승려 십성十聖의 소조상이 있었다고 한다. 신라에서 가장 큰 석조石槽 등이 현재까지 남아 있다. 흥륜사에서 썼던 기와는 백제의 기와 제작 기술과 관련이 깊다.

현재 사적으로 지정된 흥륜사 터에서는 '영묘지사靈廟之寺' 명문 기와, 얼굴무늬 수막새 등이 발견되고 있어 영묘사 터로 추정된다. 한편 현재 경주공업고등학교 부지 내에서 흥륜사 관련 명문 기와가 발견되어 이곳을 흥륜사 터로 추정하고 있다.

134
'興'을 새긴 기와
경주 사정동 경주공업고등학교 내
통일신라
길이 10.7cm

135
수막새
경주 사정동 경주공업고등학교 내
신라~통일신라
지름 15.3cm(왼쪽 뒤)

황룡사

황룡사皇龍寺는 신라에서 가장 크고 중요한 절로, 553년(진흥왕 14)에 경주 월성 동쪽에 궁궐을 짓던 중 황룡黃龍이 나타나자 계획을 바꾸어 절을 세우고 황룡사라는 이름을 붙였다. 진흥왕 대에 기초 공사를 하고 담장을 세웠으며 장육존상을 만들었다. 584년 진평왕 대에 금당을 짓고, 645년 선덕여왕 대에 구층목탑을 만들었다. 1238년에 몽골이 침입하여 절이 다 타 버릴 때까지 기울거나 화재를 입은 구층목탑을 여섯 번 고쳐 세웠다. 872년(경문왕 12)에는 구층목탑을 세우고 수리한 내용을 담은 「황룡사찰주본기皇龍寺刹柱本紀」를 사리 내함에 새겨서 넣었다. 탑을 세울 때 넣은 공양품이 심초석 아래쪽에서 발견되었다. 백자 항아리를 비롯하여 다양한 그릇, 금속으로 만든 장신구, 구슬 등이 나왔다.

136
보살 머리
전 경주 황룡사 터
신라 7세기
높이 8.3cm

137
연꽃무늬 수막새
경주 황룡사 터
신라~통일신라
지름 18.5cm(오른쪽 아래)

138
치미
경주 황룡사 터
신라
높이 182.0cm

황룡사 치미鴟尾는 우리나라에 남아 있는 치미 중 가장 크다. 치미는 목조 건축 지붕의 용마루 양 끝단을 잡아주고 보호하는 기와이다. 화재를 방지하고 나쁜 기운을 물리치는 의미를 가지면서 동시에 건물을 장식하여 조형미를 돋보이게 하는 역할도 하였다. 이 치미는 위와 아래를 따로 만들어 붙였는데, 위아래 잘린 면에 각각 'ㄱ'과 'ㄴ' 모양으로 홈을 만들어 결합할 때 고정되도록 했다.

치미의 머리 부분은 수키와를 연결할 수 있도록 반원 모양으로 튀어나와 있다. 용마루와 연결되는 옆 부분은 독특하게 'ㄱ' 모양으로 되어 있다. 치미의 뒷면 아랫부분이 세모난 것도 특징이다. 양 옆면과 뒷면에 연꽃무늬, 사람 얼굴무늬로 장식했는데, 특히 사람 얼굴무늬 중 남자의 얼굴은 수염까지 자세하게 표현하여 여자의 얼굴과 구분하였다.

얼굴무늬 세부

139
사리공 덮개돌
경주 황룡사 구층목탑 터 심초석
신라 645년
길이 44.3cm

140
사리 외함(북면)
경주 황룡사 구층목탑 터 심초석 사리공
신라 645년
길이 26.0cm

141
연기법송을 새긴 은판
경주 황룡사 구층목탑 터 심초석 사리공
통일신라
길이 8.0cm(왼쪽)

연기법송緣起法頌 중 "만물이 인연에서 생겨난다諸法因緣生"라는 구절을 새긴 두 장의 은판이다. 각 판의 글씨가 달라 서로 다른 사람이 새긴 것으로 보인다. 연기법송은 불상이나 탑 안에 넣는 법사리法舍利로, 「황룡사 찰주본기」에 기록된 '872년 추가로 봉안된 법사리 2종'으로 추정된다. 연기법송은 경주 석장사 터 연기법송 탑상무늬 벽돌과 서산 보원사 터 오층석탑 사리 외함에도 확인된다.

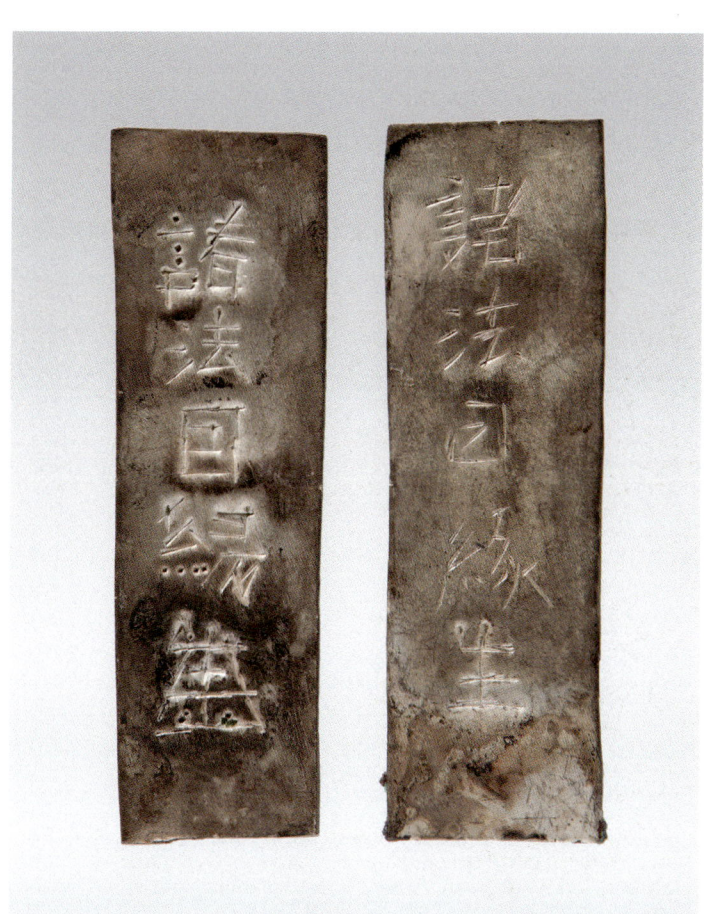

142
사리장엄구
경주 황룡사 구층목탑 터
신라~통일신라
높이 13.6cm(청동합)

143
은합
경주 황룡사 구층목탑 터 심초석 사리공
신라~통일신라
높이 4.5cm

144
팔각당형 사리기
경주 황룡사 구층목탑 터 심초석 사리공
통일신라
높이 12.3cm

145
사각형 합·원통형 합
경주 황룡사 구층목탑 터 심초석 사리공
신라~통일신라
높이 6.1cm(왼쪽)

146
팔각당형 사리기
경주 황룡사 구층목탑 터 심초석 사리공
통일신라
지름 10.0cm(왼쪽)

147
연꽃모양 받침
경주 황룡사 구층목탑 터 심초석 사리공
신라~통일신라
높이 3.0cm

• 영묘사

영묘사靈廟寺는 635년(선덕여왕 4)에 세운 절로, 경주에 위치한 일곱 개의 주요 절인 칠처가람 중 하나이다. 1460년(조선 세조 6)에는 성덕대왕신종을 이곳으로 옮겨와 걸기도 하였다. 이곳에서는 영묘사의 절 이름을 새긴 기와와 얼굴무늬 수막새가 발견되었다. 수막새는 주로 연꽃무늬로 만들었으며, 사람 얼굴무늬는 흔치 않은 예이다. 미소 짓는 신라인의 모습이 인공적인 느낌 없이 자연스럽다. 현재는 일부가 없어졌지만 뒷면에는 반 원통형의 수키와를 붙였던 자국이 남아 있어 실제로 건물에 사용하였음을 알 수 있다.

148
영묘사 이름을 새긴 기와
경주
고려
길이 19.0cm

149
얼굴무늬 수막새
경주 영묘사 터
신라
길이 11.5cm
보물

• **분황사**

분황사芬皇寺는 선덕여왕 대에 세워진 대표적인 절로, 634년(선덕여왕 3)에 세워져 자장慈藏, 원효元曉가 머물렀고 솔거率居가 그린 천수관음보살상 벽화와 경덕왕景德王(재위 742~765년) 대에 만들어진 약사불상이 있었다고 전한다. 돌을 벽돌 모양으로 잘라서 쌓은 탑을 모전석탑模塼石塔이라고 하는데 분황사에는 우리나라에서 가장 오래된 모전석탑이 있다. 원래 7층이나 9층이었을 것으로 추정되나 지금은 3층까지만 남아 있다. 탑의 2층과 3층 사이에서 돌로 만든 사리함이 발견되었고, 은합, 향목, 금동 꾸미개, 구슬, 동전 등이 나왔다.

150
돌사자
경주 분황사
통일신라 8세기
높이 85.0cm

151
사리함
경주 분황사 탑
신라 634년
전체 높이 72.0cm

화강암으로 만든 사리함으로, 1915년 분황사 모전석탑을 해체 수리할 때 2층과 3층 사이에서 발견되었다. 몸체는 자연석 윗면을 다듬은 다음 가운데에 네모나게 공간을 만들어서 사리기와 공양품을 넣었다. 바닥 한쪽에는 빗물이 빠질 수 있는 구멍을 뚫었다. 또한 뚜껑을 덮었을 때 틀어지지 않게 하려고 몸체 가장자리에 돌기 모양의 턱을 만들었다. 뚜껑은 몸체와 다르게 잘 다듬어 만들었으며, 테두리는 둥글게 다듬는 모죽임 기법을 사용했다.

152
꾸미개
경주 분황사 탑
신라~통일신라
길이 25.7cm(왼쪽 아래)

153
사리장엄구
경주 분황사 탑
신라 634년~고려 12세기
길이 8.4cm(오른쪽 위)

154
바둑판무늬 벽돌
경주 분황사
통일신라
길이 43.0cm
국립경주문화유산연구소

벽돌은 건물의 바닥에 깔거나 벽에 붙이는 것으로 종류와 무늬가 다양하다. 통일신라 시기의 벽돌은 보상화무늬[寶相華文]와 연꽃무늬[蓮花文]가 주를 이루며, 이외에 용이나 불상, 불탑을 새긴 무늬 벽돌도 확인된다. 분황사에서 발굴된 이 벽돌은 가로와 세로 15줄의 바둑판무늬가 새겨져 있다. 신라에서 이미 5세기부터 황남대총, 금관총, 쪽샘 44호분 등에서 수백 점의 바둑돌이 출토되고 있어 실제 바둑판으로 사용했을 가능성도 있다.

영토 확장과 삼국통일의 완성

신라는 지증왕과 법흥왕 대에 중앙 집권의 기반을 다지고, 이를 바탕으로 진흥왕 대에 영토를 넓히기 시작하였다. 진흥왕은 551년에 연호를 '개국開國'으로 바꾸어 영토 확장의 의지를 다졌다. 그해 한강 유역을 공격하여 고구려의 열 개 군을 차지한 뒤 충청북도 단양 적성에 비를 세워 이를 기념하였다. 553년에는 백제가 차지하고 있던 한강 하류 유역을 빼앗아 신주新州를 설치하여 중국과 직접 교류할 수 있는 길을 열었다. 신라는 한강 유역의 경제력을 바탕으로 한반도 내 주도권을 잡게 되면서 삼국통일의 기초를 마련하였다. 이 시기에 활발하게 진행된 신라의 영토 확장은 각 지역에 건립된 진흥왕 순수비와 한반도 중부 이남 지역에 만들어진 신라 무덤, 여기에 함께 묻힌 신라식 위세품 등으로 확인된다.

진평왕眞平王(재위 579~632년)은 고구려와 백제의 지속적인 반격에 시달렸고, 이를 중국 수나라, 당나라와 접촉하여 위기를 벗어나려 하였다. 선덕여왕은 나라의 근심을 불교의 힘으로 극복하고자 분황사를 짓고 황룡사 구층 목탑을 세우기도 하였다. 국가 존망의 위기 상황에서 진덕여왕眞德女王(재위 647~654년)은 김춘추金春秋(603~661년)와 김유신金庾信(595~673년)을 중용하여 위기를 벗어나려고 하였다. 김춘추는 648년에 당나라로 건너가 당 태종(재위 627~649년)의 군사적 지원을 약속 받았으며, 그로부터 6년 뒤 무열왕이 되었다. 무열왕은 김유신을 대장군으로 삼아 660년에 백제를 멸망시켰다. 그의 아들 문무왕文武王(재위 661~681년)은 668년에 고구려를 멸망시켰고, 676년에는 당나라마저 한반도에서 몰아내며 통일 국가를 이루었다. 문무왕은 통일 국가에 걸맞게 지배 체제를 정비하는 한편, 고구려·백제의 주민과 문화를 포용하여 한민족 문화의 기틀을 닦았다.

• 우산국을 복속시키다

지증왕은 군사 요충지를 중심으로 행정 구역을 정비하고, 군주를 파견하여 본격적으로 지방 통치를 시작하였다. 먼저 실직국(삼척)에 이사부異斯夫를 파견하여 고구려의 침략에 맞서 동해안 일대를 지키게 하였다. 실직국은 이사부의 통치를 받으면서 신라의 행정 구역인 실직주가 되었다. 또 512년(지증왕 13)에 이사부를 보내어 동해의 우산국(울릉도)을 복속시켰다. 울릉도의 천부동 돌방무덤에서는 신라계 토기와 목걸이가 확인되었고, 강릉 초당동과 병산동 무덤에서도 신라계 토기가 발견되어 신라의 동해안 개척 사실을 뒷받침한다.

155
목걸이
울릉 천부동
통일신라 7~8세기
지름 0.7~1.2cm

156
신라계 토기
강릉 초당동
삼국 6세기
높이 30.3cm(가운데 뒤)

• 금관가야를 병합하다

금관가야는 낙동강 하구(경상남도 김해)에 위치한 무역 강국으로 예부터 중국과 왜로 이어지는 바닷길 무역의 거점 역할을 하였다. 금관가야는 400년 신라와 고구려 연합군의 공격을 받은 후부터 국력이 약해져 5세기 이후에는 국가의 명맥만 유지하였다. 5세기 이후 금관가야의 수도였던 김해에서는 서로 교차되게 투창이 뚫린 굽다리접시와 굽다리 긴목 항아리 등 다량의 신라계 토기가 발견되었다. 이는 법흥왕이 532년에 금관가야 구해왕 仇亥王(재위 521~532년)의 항복을 받아 낸 후 금관가야를 병합했던 사실을 보여 주는 것이다.

157
금관가야계 토기
김해 삼계동
삼국 6세기
높이 28.0cm(가운데 뒤)

158
신라계 토기
김해 삼계동
삼국 6세기
높이 25.7cm(가운데 뒤)

- **대가야를 정복하다**

4세기 후반 이후 백제의 지원을 받은 대가야는 가야의 중심 세력으로 떠올랐다. 5세기 후반부터 6세기 전반까지 대가야는 주변 강대국 사이에서 어려움을 겪었지만, 한때는 영남의 서부와 호남의 동부까지 영역을 넓히기도 하였다. 대가야는 554년에 한강 유역을 되찾으려는 백제 성왕聖王(재위 532~554년)과 함께 신라를 공격했으나, 전쟁에서 패배하면서 국력이 서서히 기울게 되었다. 결국 562년에 진흥왕에 의해 멸망하였다.

159
대가야계 토기
고령 지산동
삼국 6세기
높이 21.5cm(왼쪽)

160
신라계 토기
고령 지산동
삼국 6세기
높이 28.9cm(가운데 뒤)

● 한강 유역을 차지하다

한강 유역은 지리적·군사적으로 매우 중요한 삼국의 격전지였다. 가장 먼저 한강 유역에 자리 잡았던 백제는 고이왕古爾王(재위 234~286년)과 근초고왕近肖古王(재위 346~375년) 때 번성했으나, 475년에 고구려의 남하 정책으로 한강 유역을 고구려에 빼앗겼다. 신라와 백제는 나제동맹을 맺어 고구려에 대항하는 동시에 551년에 한강 유역에 대한 전격적인 공격을 감행하여 고구려가 차지했던 한강 유역을 빼앗았다. 이때 신라는 한강 상류를, 백제는 한강 하류를 차지했다. 그러나 그로부터 3년 뒤 신라는 백제를 공격하여 한강 하류마저 빼앗고 신주를 설치하여 한강 유역을 완전히 지배하게 되었다. 이로써 신라는 중국과 직접 교역할 수 있는 통로와 삼국 통일의 발판을 마련하였다.

161
누암리 무덤 출토품
충주 누암리
신라 6세기
높이 16.8cm(왼쪽 아래)

162
성동리 무덤 출토품
파주 성동리
신라 6세기
높이 31.2cm(가운데 뒤)

163
문무왕릉비(윗부분)
경주 동부동(2009년 발견)
통일신라 681~682년
높이 60.0cm

문무왕의 업적을 기념한 비석이다. 비문은 국학소경國學少卿 김□□가 글을 짓고 대사大舍 한눌유韓訥儒가 글씨를 썼으며, 신라 왕족의 가계, 문무왕의 업적, 유언과 장례 과정 등의 내용이 담겨 있다. 홍양호洪良浩(1724~1802년)는 『이계집耳溪集』에서 경주 부윤으로 있을 때 비를 찾고자 했지만 찾지 못했고, 이후 36년이 지난 후에야 비편이 발견되었다고 하였다. 김정희金正喜는 『해동비고海東碑攷』에 이 비에 대한 내용을 수록하고 1817년에 비의 아랫부분을 발견하였다고 했다. 이후 탑본이 중국 청나라에도 전해져 유희해劉喜海(1794~1852년)의 『해동금석원海東金石苑』에도 소개되었다. 이것을 낭산 남쪽에 있는 비석 받침과 맞춰 보니 정확히 들어맞았다고 하는데, 현재 사천왕사 터 앞에 있는 서쪽 거북 모양 비석 받침을 이 비석 받침으로 보기도 한다. 문무왕비는 이후 다시 사라져 탑본으로만 전해오다가 1961년에 아랫부분을 발견하였고, 2009년에는 윗부분도 찾았다.

164
문무왕릉비(아랫부분)
경주 동부동(1961년 발견)
통일신라 681~682년
높이 55.1cm

165
십이지상(돼지)
경주 충효동 전 김유신 무덤
통일신라 7~8세기
높이 40.8cm

전 김유신 장군 무덤의 둘레에서 곱돌로 만든 말·돼지·토끼의 십이지상十二支像이 출토되었다. 특히 멧돼지 머리에 사람 몸을 한 이 돼지상은 바위 위에 양발을 벌리고 서 있는 당당한 자세이다. 몸에는 정교하고 화려한 장식의 갑옷이 사실적으로 표현되어 있다. 긴 소매와 펄럭이는 천의天衣는 생동감이 넘친다. 신장상의 모습으로 볼 때, 십이지신장상으로 가장 이른 시기에 만든 것으로 보인다.

호국 사찰의 건립

527년(또는 528년) 불교 공인 이후, 신라는 불교를 호국 이념으로 삼아 불법으로 나라를 수호하고자 하였다. 문무왕 때 건립된 사천왕사도 신라의 대표적인 호국 사찰이다. 670년(문무왕 10)에 중국 당나라 군사가 쳐들어왔을 때, 명랑법사가 낭산狼山 기슭에 임시로 채색 비단으로 절을 짓고 풀로 신상을 만들어서 비법을 행하니 바다에 풍랑이 일어 당나라 군대의 배가 침몰하였다고 한다. 이에 그 자리에 절을 짓고 사천왕사라 하였다.

신라가 삼국을 통일한 직후인 682년에 세운 감은사感恩寺도 신문왕神文王(재위 681~692년)이 아버지 문무왕의 뜻을 받들어 세운 절이다. 문무왕은 불법으로 왜구를 막아 나라를 지키고자 동해 가까운 곳에 절을 짓다가 완성하지 못하고 죽었다. 아들인 신문왕은 용이 되어 불법佛法을 받들고 나라를 지킬 것이라는 유언을 남긴 문무왕을 화장한 뒤 동해에 안장하고, 문무왕의 뜻을 받들어 절을 완성했다. 감은사에는 신라가 통일한 이후에 처음 세운 쌍탑인 동서 삼층석탑이 있으며, 쌍탑에서는 같은 모양의 사리기가 발견되었다.

• 사천왕사

사천왕사四天王寺는 679년(문무왕 19)에 경주 낭산 신유림神遊林에 세워진 절이다. 이곳은 고대 토속 신앙에서 신성하게 여겼던 장소로, 절이 들어서면서 호국 불교의 중심지가 되었다. 최초로 쌍탑 1금당식 가람 배치를 한 절이며, 이후에 세운 감은사(682년), 망덕사(685년)를 비롯하여 8세기에 세운 불국사, 천군동 절터 등의 가람 배치에도 영향을 주었다.

동·서탑 터는 앞면 세 칸, 옆면 세 칸의 네모난 구조로 중앙에는 네모난 사리공이 있는 심초석이 있다. 녹유신장상벽전은 사천왕사 터 동서 목탑 기단부 네 면을 장식했는데, 일정 간격으로 기둥을 두고 그 사이에 넝쿨무늬 벽돌을 쌓아 올려 조성한 기단에 두었다. 세 가지 형상으로 이루어진 신장상벽전은 탑의 기단부 네 면에 각 여섯 개씩 총 스물네 개를 세웠다. 조각승 양지良志가 만들었다고 전하는 녹유신장상벽전은 신라 불교 조각의 최고 걸작으로 손꼽힌다.

166
녹유신장상벽전
경주 사천왕사 터
통일신라 679년 무렵
높이 90.0cm
국립경주문화유산연구소

167
녹유신장상벽전
경주 사천왕사 터
통일신라 679년 무렵
높이 90.0cm
국립경주문화유산연구소

168
사천왕사 이름을 새긴 기와
경주 사천왕사 터
통일신라~고려
길이 25.0cm(오른쪽)

169
녹유 벽돌
경주 사천왕사 터
통일신라
길이 28.0cm(위)
국립경주문화유산연구소

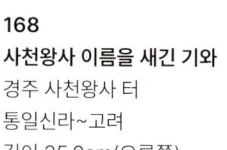

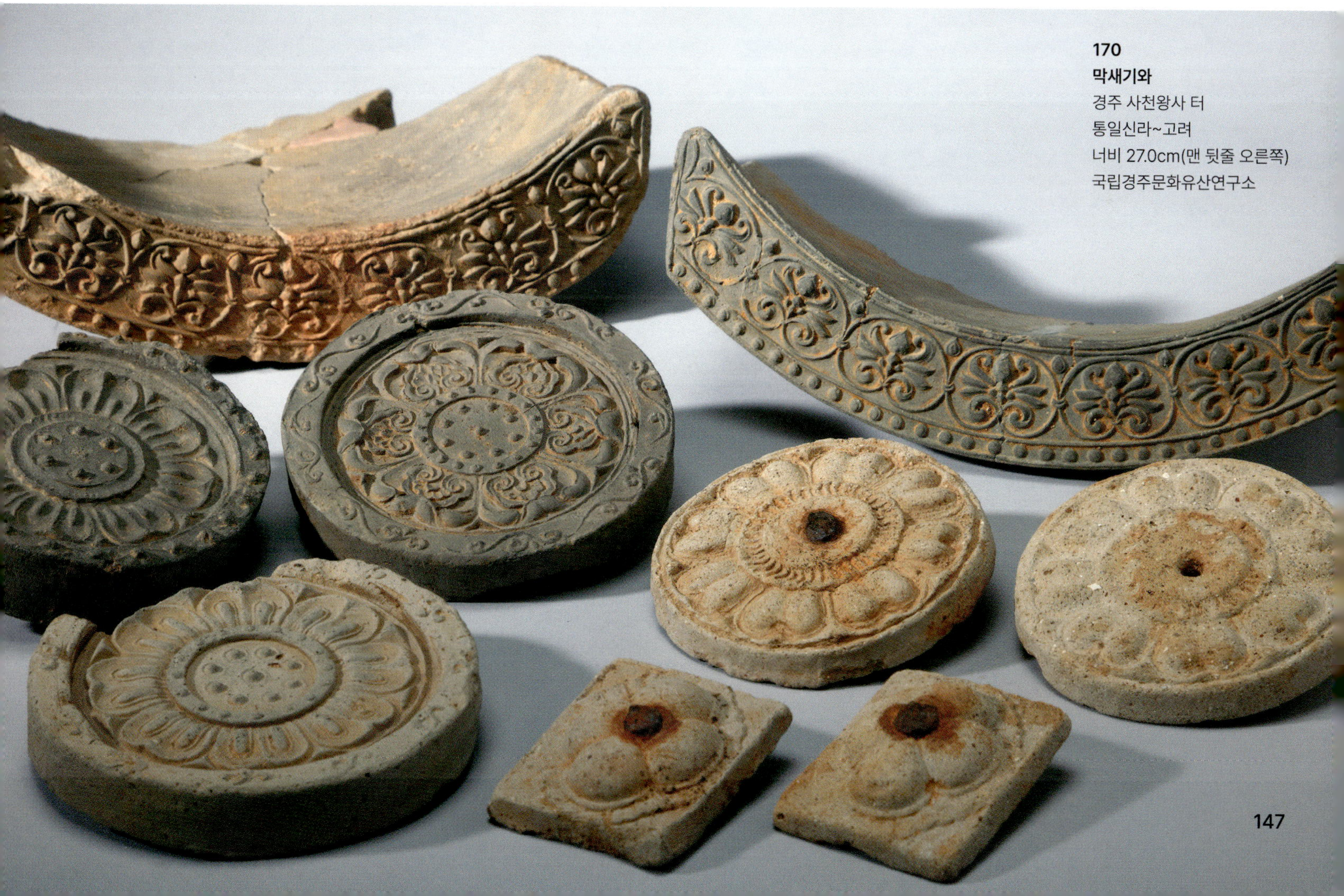

170
막새기와
경주 사천왕사 터
통일신라~고려
너비 27.0cm(맨 뒷줄 오른쪽)
국립경주문화유산연구소

171
사리 외함·사리 내함·사리병
경주 감은사 터 서 삼층석탑
통일신라 682년 무렵
높이 16.5cm(가운데)
보물

• 감은사 터 서 삼층석탑 사리장엄구

감은사는 신라가 삼국을 통일한 직후인 682년 무렵 신문왕이 아버지 문무왕의 명복을 빌기 위해 세운 절이다. 감은사 터에는 모양이 같은 동·서 삼층석탑이 있는데, 각 석탑에서 발견한 사리장엄구도 비슷한 모양이다. 1959년에 동·서 삼층석탑을 해체·수리하면서 3층 탑 몸돌 윗면에서 발견한 사리장엄구는 수정 사리병-사리 내함-사리 외함 3중으로 이루어져 있다. 수정 사리병은 사리 내함인 전각 모양 사리기 중앙에 놓는데, 구슬과 연꽃잎 모양으로 장식된 뚜껑을 덮었다. 수정 사리병이 담긴 전각 모양의 사리기는 다시 상자 모양의 사리 외함 안에 넣는다. 전각 모양 사리기의 네 모서리에는 악기를 연주하는 천인상이 있다. 사리 내함은 덮개와 기둥도 있었으나 많이 훼손되어 원래의 모습으로 복원하지 못했다. 사리 외함의 네 면에는 부처와 불법을 지키는 사천왕상이 있다. 사천왕상의 자연스러운 자세나 섬세하게 표현한 조각 기법, 따로 만들어 붙인 다양한 장식 등으로 보아 신라의 금속공예 기술이 매우 뛰어났음을 알 수 있다.

150

윗면

172
사리 외함
경주 감은사 터 서 삼층석탑
통일신라 682년 무렵
높이 28.0cm
보물

남　　서

V.

신라 문화의 만개

삼국통일 후 신라의 문화는 정치적 안정과 왕권의 강화 속에 발전하였다. 또한 고구려와 백제의 문화를 포용하고, 중국 당나라의 선진 문물을 받아들이면서 화려하고 세련된 문화로 발전해 갔다. 성덕왕聖德王(재위 702~737년)대 신라는 전성기를 맞이했고, 이 무렵 당나라에서는 신라를 군자국君子國으로 부르며 문화 수준을 높이 평가했다. 신라는 당나라의 문화를 받아들이면서 신라만의 고유한 문화를 만들어갔다. 무덤이나 석탑의 탑 몸돌에 새긴 십이지상이 대표적인 예이다.

불교는 여전히 국가의 중요한 지배 이념으로 왕경뿐만 아니라 지방에도 널리 퍼져 나갔다. 불국사佛國寺, 석굴암石窟庵, 성덕대왕신종聖德大王神鍾과 같은 신라 불교 미술의 걸작품이 탄생한 것도 이 시기이다. 큰 절이 세워졌고 금당 앞에 두 개의 탑이 배치되는 쌍탑식雙塔式 가람 배치가 유행하였다. 감은사 동·서 삼층석탑과 불국사 삼층석탑이 전형적인 석탑을 대표한다.

고승高僧을 기리기 위한 승탑과 비석도 많이 세워졌다. 불교 조각은 신라인의 미의식에 당나라 양식을 더하여 독창적이고 비례가 훌륭한 작품들이 만들어졌다. 석굴암 본존불상은 이상적이며 조화롭게 표현된 불교 조각의 걸작품이다. 불교 공예 역시 범종, 사리기 등에서 수준 높은 기술과 조형미를 보여 준다.

삼국 통일 후 왕경에는 월지月池와 같은 시설이 건립되며 더욱 화려해졌다. 왕경은 가까운 중국과 일본의 사람들뿐만 아니라, 멀리 아라비아의 상인들이 드나들 정도로 국제적인 도시가 되었다. 무덤은 중고기中古期 이후 크게 변화되지 않았으나, 강력해진 왕권을 반영하듯 왕릉의 건립은 더욱 체계화되었다. 신도비神道碑를 세우고, 참도參道 주변에 문·무 석인상文武石人像과 사자상獅子像을 두었고, 십이지상과 돌난간으로 봉분을 꾸미는 등 왕릉은 점차 완성된 형식을 갖추었다. 당시에는 불교의 영향으로 화장도 성행했다. 불교가 지배적인 이념이었으나, 여전히 종묘사직宗廟社稷(조상신과 토지신)과 산천에 제사를 지내는 토착 신앙은 유지되었다.

불교 문화의 융성

불교가 공인된 이후, 경주에는 많은 절이 세워졌다. 신라 왕경에 세워진 수많은 절의 모습은 『삼국유사』에서 전하는 "절이 별처럼 많고 탑이 기러기처럼 늘어서 있었다[寺寺星張塔塔雁行]"라는 구절을 보면 잘 알 수 있다. 흥륜사가 서천 주변 천경림에 처음 세워진 이후, 6세기 중반에는 월성 주변에 절이 세워지고 7세기 후반에는 남산과 낭산 일대에도 건립되며, 8세기 이후에는 토함산과 경주 외곽에 이르기까지 곳곳에 절이 들어서게 되었다.

신라인들은 국가와 왕실의 안녕을 염원하며 절을 세웠다. 왕실은 중요 절에 절을 관리 운영하는 조직인 성전成典을 두어 절을 수리, 감독하게 하고 국가 의례도 맡겼다. 통일 이후에 불교가 더욱 대중화되고 신앙이 널리 퍼지면서 왕실, 귀족뿐만 아니라 지방 호족, 일반인도 절을 세우는 데 참여했다. 8세기 이후에는 『무구정광대다라니경無垢淨光大陀羅尼經』이 중요하게 여겨져 탑 조성과 신앙에 큰 영향을 주었다.

신라는 경주를 부처가 설법하던 불국토로 여겼다. 신라인은 이상적인 피안彼岸의 세계를 구현하고자 불국사와 석굴암을 만들었으며, 신령스러운 장소로 인식되어 국가의 중대사를 의논하던 남산에도 많은 절과 탑, 불상을 세워 불국토를 구현하고자 하였다.

왕경뿐만 아니라 지방에도 절이 많이 세워지면서 불교가 신라 사회 전반에 큰 영향을 미치게 되었다. 불교가 깊이 뿌리 내리면서 불교 문화는 크게 발전하였고, 통일신라 시기에는 신라의 불교 문화가 전성기를 맞았다.

173
성덕대왕신종
경주 봉덕사
통일신라 771년
높이 365.8cm
국보

성덕왕의 원찰願刹(왕의 넋을 기리기 위한 사찰)인 봉덕사奉德寺에 봉안했던 종이다. 이 절이 폐허가 되면서 경주 영묘사로 옮겨졌다가 이후 경주 읍성 남문 밖, 동부동東部洞에 있던 옛 국립경주박물관을 거쳐 1975년에 현재의 자리로 왔다. 성덕대왕신종 몸통 가운데에 글자가 새겨져 있는데, '성덕대왕신종지명聖德大王神鍾之銘'으로 시작하는 명문에서 종의 이름을 확인할 수 있다. 종을 만들게 되기까지의 내용과 삼국을 통일한 신라를 예찬하는 시, 종을 만든 사람 이름 등도 적혀 있다. 경덕왕이 아버지인 성덕왕의 명복을 빌기 위하여 구리 12만 근으로 큰 종을 만들려고 하였으나 그 뜻을 이루지 못하고 죽자, 경덕왕의 아들인 혜공왕惠恭王(재위 765~780년)이 771년(대력大曆 6년, 중국 당唐 대종代宗의 연호)에 종을 완성하였다고 한다.

'에밀레종'으로 널리 알려져 있는데, 종을 만들 때 어린 아이를 넣어 만들어서 종을 칠 때마다 마치 아이가 엄마를 부르는 듯한 소리가 난다고 하여 생긴 이름이다. 그러나 과학적 조사 결과, 사람의 뼈를 구성하는 성분인 인(P)은 나오지 않았다. 종에 얽힌 이야기는 사실이라기보다는 신비롭게 보이도록 근래에 지어진 이야기로 생각된다.
이 종은 한국 범종 가운데 가장 아름답고 빼어난 종이다. 종의 모양과 종에 새겨진 무늬, 맑고 웅장한 소리는 세계적으로 손꼽을 만하다. 종 한가운데에 손잡이 달린 향로香爐를 들고 있는 공양자供養者의 모습은 섬세하고 화려한 장식으로 눈길을 끈다. 조형적 아름다움, 완벽한 주조 기술에 더해 정신적인 면모까지 투영된 당대 최고의 불교 예술품이라 할 수 있다.

세부사진

174
금강역사
경주 석굴암
통일신라 8세기
높이 55.0cm

일제강점기에 석굴암을 해체하여 수리할 때 발견된 금강역사의 머리 부분이다. 뒷머리가 편평하여 벽에 붙였던 것을 알 수 있다. 위로 올린 왼팔과 아래로 내린 왼손이 같이 남아 있어서 전체 모습을 상상할 수 있다. 일부분만 남아 있지만, 금강역사의 강인한 모습을 생생하고 입체감 있게 나타내 석굴암의 명성에 어울리는 높은 조각 수준을 볼 수 있다.

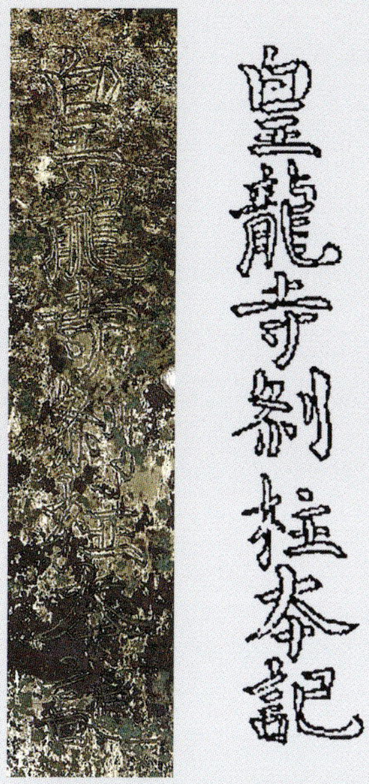

• 황룡사 구층목탑 사리 내함, 찰주본기

선덕여왕은 645년, 황룡사에 구층목탑을 세우고 자장법사가 가져온 사리를 안치하였다. 탑을 여러 번 고쳐 세우면서 사리를 넣는 사리공에 사리장엄구를 추가로 넣었다. 황룡사 구층목탑 심초석 사리공 에는 사리 외함과 내함이 있었다. 그중 사리 내함은 네모난 상자 모양으로, 금동 사각판 네 장을 세워 상자의 벽을 만들고 뚜껑을 덮었다. 사리 내함의 벽면 중 안팎 여섯 면에는 목탑의 중심 기둥인 찰주를 세우는 일에 관한 유래를 새겨 적고, 제목을 찰주본기刹柱本記라고 하였다. 찰주본기를 적은 사리 내함은 872년(경문왕 12)에 목탑을 수리할 때 넣은 것이다. 645년에 목탑을 처음 세운 내력과 경문왕이 다시 짓게 된 경위와 그 과정, 사리장엄구 내용 등이 자세하게 쓰여 있다. 사리 내함의 벽면 중 글이 새겨지지 않은 한 면은 좌우로 열리는 문 모양으로 만들었다. 문 바깥쪽 두 면에는 금강역사상을 새기고 문 안쪽 두 면에는 천왕상을 새겼다.

175
사리 내함(황룡사 찰주본기)
경주 황룡사 구층목탑 터 심초석 사리공
통일신라 872년
길이 각 22.5cm
보물

안면

바깥면

바깥면

안면

176
사리 내함 뚜껑
경주 황룡사 구층목탑 터 심초석 사리공
통일신라 872년
길이 27.0cm

뚜껑 안쪽 내함 무늬 세부 사진

177
'仲和三年'을 새긴 사리기
경주 황룡사 구층목탑 터
통일신라 883년
높이 17.0cm

원통 모양의 용기에 사리 봉안과 관련된 내용이 새겨져 있어 사리기로 추정된다. 명문은 872년에 김유신과 관련된 절의 큰 석탑에 이 사리기를 김유신을 위해 안치하였다는 내용이다. 봉안 시기나 내용으로 볼 때 황룡사 구층목탑 사리공에 봉안되기 위해 제작된 것은 아님을 알 수 있다. 883년 (중화仲和 3)에 관련 절에 봉안되었다가 이후 언젠가 황룡사 구층목탑 사리공에 함께 봉안되었거나, 도굴되었다가 압수된 황룡사 사리기에 섞여 들어간 것으로 생각된다. 사리기는 도굴된 것을 압수한 것이고, 뚜껑은 수습 조사에서 발견하였는데, 하나의 용기로 보고 있다.

**178
연꽃무늬 사래기와**
경주 황룡사 터
통일신라
길이 45.7cm

179
보상화무늬 벽돌
경주 황룡사 서편 절터
통일신라
길이 33.5cm
국립경주문화유산연구소

180
보상화·용무늬 벽돌
경주 황룡사 터
통일신라
길이 36.8cm

181
긴나라(팔부중)
경주 창림사 터
통일신라 9세기
높이 88.0cm

통일신라 석탑의 기단석에 새겨진 여덟 명의 신神인 팔부중(천天, 용龍, 야차夜叉, 건달바乾達婆, 아수라阿修羅, 가루라迦樓羅, 긴나라緊那羅, 마후라가摩睺羅伽) 가운데 긴나라 상이다. 팔부중은 부처의 설법을 듣기 위해 모인 다양한 무리 중 하나였는데, 불교 미술에서는 부처의 가르침을 듣고 불법을 수호하는 존재로 여겨졌다. 긴나라는 노래하고 춤추는 신이다. 긴나라 상의 머리 위쪽에는 새가 있고 얼굴 양쪽에는 소와 말의 머리가 달려 있다. 갑옷을 입고 옷자락을 휘날리며 구름 위에 앉은 수호신의 모습을 하고 있다.

182
창림사 이름을 새긴 기와
경주 창림사 터·천관사 터
통일신라~고려
길이 17.5cm(오른쪽)
국립경주문화유산연구소

183
전불
경주 갑산사 터
통일신라
길이 8.6cm

갑산사는 『삼국유사』, 『삼국사기』 등에는 기록되지 않은 절이었으나, 절 이름이 새겨진 기와가 발견되면서 알려졌다. 갑산사 터에서 발견된 전불塼佛은 건물 장식에 썼을 것으로 보인다. 가운데 부처를 중심으로 양쪽에 보살과 화불을 대칭으로 새겨 네모난 공간을 가득 채웠다. 부처와 보살 모두 몸이 긴 것이 특징이며, 광배와 옷자락이 섬세하고 자연스럽게 묘사되어 있다.

184
갑산사 이름을 새긴 기와
경주 갑산사 터
고려
길이 27.7cm(오른쪽)

185
소탑
경주 인왕동 절터
통일신라 8세기
높이 10.8cm(오른쪽)
국립경주문화유산연구소

186
석경
경주 칠불암
통일신라
길이 12.0cm

187
사리합
경주 동천동
통일신라 9세기
높이 9.3cm

불교 경전을 돌에 새긴 것이다. 경전은 손으로 써서 만드는 필사본 판에 찍어 내는 인쇄본 외에 돌에 새긴 석경石經으로도 전한다. 석경은 오랫동안 보존된다는 의미가 있으며, 그 자체가 예배 대상이 되었다. 이 석경 편은 경주 칠불암에서 발견된 것으로 『금강반야바라밀경金剛般若波羅蜜經』에 나오는 "온갖 상相은 모두가 허망하니 상이 상 아닌 줄 알면 바로 여래如來를 보리라"라는 구절의 일부를 담고 있다.

꼭지가 달린 뚜껑이 있는 상자 모양의 사리기이다. 1964년에 경주 동천동 약산藥山 중턱 지하에 묻힌 돌함 안에서 발견되었다. 뚜껑 윗면은 꽃잎 모양으로 장식했고, 몸통에는 가는 선으로 불법을 지키는 사천왕 상을 각 면에 새겼다.

188
경합
전 경주 남산
통일신라
높이 3.9cm

범자梵字 다라니와 한자 다라니를 넣었던 합이다. 경합經盒은 뚜껑이 위로 열리는 작은 상자로, 동銅으로 만들고 금도금을 안팎으로 한 후 가는 선으로 여러 가지 무늬를 새겼다. 뚜껑에는 보상화무늬와 어자魚子 무늬를 새겼고, 옆면에는 신장상을 가는 선으로 새겼다. 경합의 만든 방법과 무늬를 새기고 여백에 어자무늬를 배치하는 방식 등은 경주 불국사 석가탑 금동 방형 사리합이나 경주 나원리 오층석탑 금동 사리합 처럼 통일신라 금동 합이나 사리기에서 보이는 전형적인 특징이다.

불교 조각과 예술

부처의 형상을 표현한 불상佛像은 불교가 전래된 삼국시대부터 경전과 함께 전래졌고, 신라에서는 당시 사람들의 요구와 취향에 따라 다양한 상을 만들었다. 불교가 공인된 이후, 경주를 중심으로 큰 절을 짓고, 황룡사 장육존상과 분황사 약사불상 등 금동 불상과 석조 불상을 만들었다. 석조 불상은 7세기부터 만들기 시작하여 통일신라에 이르기까지 크게 유행했다. 특히 경주 남산을 중심으로 크고 작은 불상이 수없이 만들어졌다.

신라인은 불교가 나라를 지켜준다고 믿었다. 이러한 믿음은 신라의 신장상에 생생하게 나타난다. 신장은 부처, 보살보다 지위가 낮은 신들의 무리를 가리킨다. 주로 갑옷을 입고 무기를 들어 악귀를 굴복시키는 모습을 하고 있다. 힘으로 적을 항복시켜 불법을 수호하고, 부처의 가르침대로 살아가는 사람들을 보호한다. 신라에서는 금강역사金剛力士, 사천왕四天王, 팔부중八部衆과 같은 다양한 신장상을 만들었다. 상像에서 보이는 강렬한 표정, 근육이 발달된 몸, 힘차게 움직이는 듯한 자세는 불국토 신라를 수호하는 이들의 임무를 잘 보여 준다.

9세기에는 경주를 비롯하여 지방에서도 많은 불교 조각품이 만들어지는데, 8세기에 만든 것에 비해 생동감이 덜하다. 이를 통해 당시 불교 신앙이 광범위하게 확산되고 불상 양식이 토착화·지방화된 양상을 짐작할 수 있다.

189
탄생불
논산
신라 7세기
높이 10.7cm

190
반가사유상
경주 성건동
신라 7세기
높이 14.1cm

191
반가사유상
경주 송화산
신라 7세기
높이 125.0cm

한쪽 다리를 내리고 다른 다리를 무릎 위에 올린 반가半跏 자세와 한쪽 손을 뺨에 대고 생각에 잠긴 사유思惟 자세를 함께 취하고 있는 반가사유상이다. 경주 송화산에 있는 김유신 장군 무덤의 재실齋室인 금산재에 전해오던 것을 1930년에 박물관으로 옮겨 왔다. 머리와 두 팔은 파손되고 상체는 일부분만 남아 있으며, 아무것도 걸치지 않는 몸에 목걸이를 하고 있다. 의자에 앉아 오른발을 왼쪽 무릎 위에 올리고, 하체에 걸친 치맛자락은 서로 겹치어 주름지고 끝자락에서 물결을 이룬다. 왼발은 연꽃을 딛고 있다.

192
미륵삼존불
경주 남산 장창곡
신라 7세기
높이 167.0cm(가운데)
보물

1924년에 경주 남산 장창곡의 돌방에서 발견된 불상과 보살상 두 점이다. 단단한 화강암으로 부드러운 조형미를 표현한 신라 조각의 대표 작품이다. 가운데 불상은 의자에 앉은 모습이다. 몸에 비해 머리가 큰 신체 비례와 어린 아이 같은 모습, 천진난만한 표정은 7세기 신라 불상의 특징이다. 왼손은 옷자락을 잡고 오른손은 살짝 구부려 무릎 위에 올려놓았다. 불상 양옆의 보살상은 손의 위치나 장식이 다를 뿐 불상과 조각 수법이 거의 같다. 이들은 사랑스럽고 귀여운 표정과 모습 때문에 '아기 부처'로도 불린다. 『삼국유사三國遺事』「생의사석미륵生義寺石彌勒」에 등장하는 '삼화령 미륵'으로 추정된다.

193
금동판불(삼존불, 보살)
경주 동궁과 월지
통일신라 7세기
높이 21.3cm(위)

**194
삼존불**
경주 동궁과 월지
통일신라 7세기
높이 27.0cm
보물

- **소원을 들어주는 부처**

오른손을 들어 손바닥을 밖으로 한 시무외인施無畏印과 왼손바닥을 밖으로 하여 아래로 내린 여원인與願印의 손 모양을 한 불상이다. 이러한 손 모양은 중생을 모든 두려움에서 벗어나게 하고 그들의 소원을 들어준다는 뜻이다. 시무외인과 여원인은 여러 불상에서 볼 수 있는 손 모양이어서 통인通印이라고도 한다. 이른 시기부터 우리나라 불상에서 나타나며 삼국시대는 물론 통일 신라 시기에도 유행하였다.

195
부처
출토지 모름
통일신라 8세기
높이 22.3cm

196
부처
출토지 모름
통일신라 8세기
높이 21.6cm

197
부처
출토지 모름
통일신라 9세기
높이 29.0cm

198
부처
경주 동궁과 월지
통일신라 8세기 후반
높이 35.0cm(오른쪽)

두 점의 부처는 월지에서 출토된 금동 불상 가운데 가장 크며, 전체적으로 비슷한 형식이다. 광배는 사라졌지만 따로 만들어 결합한 몸통과 대좌는 보존상태가 양호하다. 머리카락의 표현에서 한 점은 나발이고 다른 한 점은 민머리로 모두 육계가 높고 크다. 귀는 활처럼 휘었고 목에는 삼도를 표현하였다. 살찐 얼굴에 선 새김으로 눈과 눈썹을 표현하였다. 손 모양은 시무외인과 여원인을 하였다. 대좌는 팔각의 연꽃 대좌이며 안상眼象을 맞새김한 하단 받침 위로 귀꽃이 솟아 있다. 착의법과 대좌의 귀꽃으로 볼 때, 8세기 후반에 제작한 것으로 보인다.

199
부처
경주 동궁과 월지
통일신라 8~9세기
높이 21.0cm (왼쪽 위)

● **비로자나불**

비로자나불은 진리의 상징이며 불교의 가르침 자체를 형상으로 표현한 부처이다. 비로자나불상은 두 손을 가슴 앞에 모아 한쪽 손으로 반대편 손의 검지손가락을 감싸 쥐는 지권인智拳印 자세를 한다. 중국과 일본의 비로자나불은 보살의 모습을 하고 있으나 신라의 비로자나불은 부처의 모습을 하고 있다. 왼쪽의 비로자나불은 전형적인 지권인의 자세를 취했으나, 오른쪽의 비로자나불은 오른손 검지를 왼손으로 감싸고 있어 일반적인 지권인과는 손의 방향이 반대이다.

200
비로자나불
출토지 모름
통일신라 8세기
높이 39.7cm

201
비로자나불
출토지 모름
통일신라 9세기
높이 31.5cm

202
약사불
경주 백률사
통일신라 800년 무렵
높이 179.0cm
국보

약사불은 모든 질병을 치료하고 수명을 연장해 주며, 인간 생활의 모든 부분에 이익을 주는 부처로 여겨졌다. 이 약사불은 높이가 180cm에 가까운 큰 체구에 조형미가 뛰어나다. 따로 만들어 끼웠던 두 손은 현재 없어졌지만, 팔을 든 자세와 『조선고적도보朝鮮古蹟圖譜』(1917년)에 실린 사진에 약단지를 든 왼손의 모습으로 보아 약사불로 추정된다. 가슴에는 내의內衣를 묶은 띠 매듭이 보이며, 몸 전체를 덮은 법의法衣는 자연스러운 옷 주름으로 몸의 입체감을 잘 보여 준다. 뒷면 위아래 두 곳에는 광배를 꽂았던 촉이 달려 있다. 정수리와 머리 뒤, 등 뒤에 구멍이 있는데, 이는 불상 모양 틀에 쇳물을 부어 불상을 만든 뒤 불상의 기본 모양을 만들었던 안쪽 찰흙을 제거할 때 사용한 것이다. 구멍 테두리에 턱이 있는 것으로 보아 마감판을 끼운 것으로 보인다. 몸에는 바깥 틀과 안 틀을 고정하는 틀잡이의 마감 흔적도 일정한 간격으로 있다.

뒷면

• **보살**

보살은 석가모니가 깨달음을 얻어 부처가 되기 이전 단계의 수행자를 말한다. 이들은 위로는 깨달음을 구하고 아래로는 모든 중생을 가르친다. 머리 위에는 보석으로 꾸민 관을 쓰며, 몸에는 화려한 옷과 장신구를 걸치고, 손에는 연꽃, 정병, 구슬 등을 든다. 널리 알려진 보살로는 지혜의 상징 문수보살文殊菩薩, 실천의 상징 보현보살普賢菩薩, 자비의 화신 관음보살觀音菩薩, 미래에 부처가 되어 중생을 가르치는 미륵보살彌勒菩薩, 부처가 없는 시기에 중생의 구제를 돕는 지장보살地藏菩薩 등이 있다.

203
보살
대구 동구
통일신라 8세기
높이 11.7cm

204
보살
상주
통일신라 8세기
높이 13.0cm

205
화불
경주 동궁과 월지
통일신라 8세기
길이 4.0~10.0cm

동궁과 월지 제2~4 건물 터에서 많은 양의 화불化佛과 보주寶珠가 출토되었다. 불상의 광배나 금동번金銅幡 등을 장식했던 것으로 보인다. 형식과 주제로 독존獨尊, 이존二尊, 삼존三尊, 화불, 천인天人, 천개天蓋, 보주, 사리봉영舍利奉迎, 신장神將 등으로 분류된다.

독존 형식 화불은 26점이 출토되었는데, 얼굴은 세부 묘사를 생략하고 윤곽만 표현하였으며 대부분은 천개를 표현하였다. 주조 기법이 섬세하고 도안이 간단명료하며 구름무늬가 단순한 점인 것으로 볼 때, 8세기 중반 또는 그 이전에 만들어진 것으로 추정된다. 이존 형식 화불은 부처와 공양상 또는 합장상으로 이루어져 있다. 구름을 타고 있는 이존 화불은 천개가 없는 것도 있으며 구름 가운데 보주를 장식한 것과 없는 것 등 다양한 형태가 있다.

삼존 형식 화불은 입상 1점을 제외하면 모두 좌상이다. 인물들이 구름을 탔고, 위에는 천개가 있다. 삼존 화불은 다른 화불에 비해 수가 매우 적은데, 광배 상단에 하나씩 붙였던 것으로 추정된다.

사리봉영상 화불은 코끼리와 말의 등에 삼층탑을 실은 특이한 도상이 2점, 그리고 코끼리 위에 합장상이 앉아 있는 도상이 1점으로 총 3점 출토되었다. 이들도 모두 화불이나 보주와 마찬가지로 촉이 달려 있지만 불상 광배에 꽂아 장식했는지는 정확히 알 수 없다. 천인상 화불은 80여 점으로 숫자가 가장 많은 것으로 보아 불상 광배에 천인상을 가장 많이 장식하였음을 알 수 있다. 천인상 가운데 악기를 연주하는 모습의 주악천인상은 4점에 불과한데, 대금, 퉁소, 비파 등을 연주하고 있다. 동궁과 월지에서 출토된 보주형 화불은 독립보주, 불꽃보주, 화불보주, 구름보주, 꽃보주, 동판銅板보주 등 여섯 종류이다. 이 가운데 화불보주를 제외하면 모두 수정水晶을 감입嵌入하였다. 수정은 주로 구름 위에 넣어 화려한 천상 세계의 이미지를 나타냈다.

188

206
십일면관음보살
경주 낭산
통일신라 8세기
높이 200.0cm

경주 낭산 중생사(衆生寺) 터 부근에 있던 보살상으로, 얼굴이 모두 열한 개인 십일면관음보살이다. 십일면관음보살상의 정면 세 얼굴은 자비로운 얼굴로 착한 중생을 구하고, 왼쪽 세 얼굴은 분노한 얼굴로 악한 중생을 구하며, 오른쪽 세 얼굴은 바르게 행하는 사람을 더욱 정진하도록 권장하고, 뒤의 얼굴 하나는 웃는 얼굴로 모든 중생을 웃음으로써 거두어들인다는 의미가 있다. 그러나 통일신라 시기에 만들어진 십일면관음보살상은 이를 그대로 따르지 않는 경우도 있다.

이 보살상은 목걸이와 함께 어깨에서 무릎 아래까지 길게 내려오는 구슬 장신구를 걸쳤다. 오른손은 가슴까지 올리고 왼손은 아래로 내려서 물병을 쥐고 있다. 불교조각의 전성기인 8세기에 만들어진 것으로 보인다.

207
부처
경주 인왕동
신라 7세기
높이 112.0cm

208
약사불
경주 낭산
통일신라
높이 128.5cm

209
부처
경주 남산 왕정곡
통일신라 8세기
높이 201.0cm

210
부처
경주 읍성
통일신라 8세기
높이 175.0cm

우리나라 석조 불상은 대부분 단단한 화강암으로 만들어졌는데, 이 불상은 무른 돌로 만들어진 것이 특징이다. 생김새도 특이한데, 굴곡이 강한 육감적인 몸매와 입체적인 옷 주름이 이국적인 느낌을 준다. 중국 당唐(618~907년) 대에는 인도 굽타(3~6세기) 시대 불상의 영향을 받아 이와 비슷한 불상이 만들어졌다. 이 불상은 신라가 다른 나라와 교류하며 새로운 양식을 받아들였음을 보여 준다.

211
부처
경주 남산 오산계
통일신라 9세기
높이 172.7cm

212
약사불
경주 남산 용장곡
통일신라 8세기 말~9세기
높이 305.0cm

경주 남산 용장곡茸長谷에 깨진 채 전하던 것을 박물관으로 옮겨온 불상으로 머리와 광배 부분을 다시 붙여서 현재의 모습으로 복원하였다. 왼손에 약을 담은 그릇을 들고 있고 오른손은 땅을 짚은 손 모양인 촉지인을 하고 있다. 머리 위로 둥근 육계가 있고 통통한 얼굴에 오른쪽 어깨만 드러낸 옷을 입고 있다. 광배는 두광頭光과 신광身光이 표현되었으며, 광배 안쪽에는 당초무늬를 새기고 그 바깥에는 불꽃무늬를 돋을새김하였다. 불상 신체 표현에서 생동감이 적고 장식성이 강조된 광배 무늬 등으로 보아 통일신라 8세기 말에서 9세기에 만든 것으로 추정된다.

213
관음보살
경주 낭산
통일신라 9세기
높이 376.0cm

보살상의 머리는 일제 강점기에 발견되어 박물관으로 옮겨졌고, 몸통은 경주 낭산 서쪽 기슭 능지탑 근처에 반쯤 묻혀 있었다. 1975년에 몸통을 조사하던 중 마을 노인이 '이 불상의 머리를 일제 강점기에 박물관으로 옮겼는데, 그 모양새가 여느 불상과 달리 길쭉했다'라고 증언하면서 박물관 정원에 전시 중이던 보살 머리가 낭산에 있는 보살 몸통과 하나라는 것이 밝혀졌다. 1997년 4월에 몸통이 묻혀 있던 자리 부근에서 연꽃 대좌를 발견하여 지금의 모습을 갖췄다. 관음보살은 대개 보관에 작은 불상인 화불이 새겨져 있고, 정병淨瓶을 들고 있는 모습으로 표현된다. 이 불상은 보관 부분이 심하게 닳아 화불은 보이지 않지만 왼손에 정병을 들고 있어 관음보살상임을 알 수 있다.

214
부처 머리
경주 남산 철와골
통일신라 8세기 말~9세기 초
높이 153.0cm

215
금강역사
경주 하동
통일신라
높이 84.0cm

216
금강역사
경주 구황동 절터
통일신라 7세기
높이 143.0cm(왼쪽)

금강역사는 원래 인도 고유의 신이었다가 불교가 생긴 이후 부처와 그 가르침을 지키는 수호자 역할을 했다. 동아시아에서는 주로 한 쌍으로 등장하는데, 한 점은 입을 벌리고 다른 한 점은 입을 다물고 있다. 입을 벌린 상像은 인도 고대어인 산스크리트어의 첫 글자인 '아'를 표현한 것이고, 입을 다물고 있는 상은 마지막 글자인 '훔'을 표현한 것이라고 한다.

217
사천왕
경주 읍성
통일신라 8세기
높이 83.0cm

사천왕은 불교 세계의 중심에 자리한 수미산 중턱의 동서남북 네 방위에서 불법佛法을 지키는 수호신이다. 갑옷을 입고, 악귀를 밟고 있거나 구름 위에 서 있는 모습이다. 북쪽을 지키는 다문천多聞天은 탑을 들고 있고, 동쪽 지국천持國天과 남쪽 증장천增長天과 서쪽 광목천廣目天은 모두 칼이나 창을 들고 있다.

218
삼층석탑
경주 고선사 터
통일신라 686년 이전
높이 10.1m
국보

고선사 터에 있던 삼층석탑은 높이가 10.1m이며, 82개의 석재를 사용했다. 1층 몸돌에 문비門扉를 새겼다는 점을 제외하면 신문왕 2년(682)에 세운 감은사 터 동·서 삼층석탑과 형식이 거의 같으며, 통일신라 석탑의 전형적인 모습을 보인다.

고선사는 원래 알천 상류인 경주시 암곡동에 있던 절로, 『삼국유사』에 따르면 원효대사가 머물렀다고 한다. 원효대사는 신문왕 6년(686)에 입적하였으므로 고선사 삼층석탑은 그 전에 축조되었을 것이다. 1914년 5월에 석탑 주변에서 서당화상비誓幢畵尙碑 조각이 발견되었는데, 서당화상은 원효대사로서, 이 비는 원효대사의 손자인 설중업薛仲業이 할아버지를 추모하기 위하여 세운 것이다. 덕동댐 건설로 절터가 물에 잠기게 되어 1975년에 고선사 터에 남아 있던 비석 받침, 장대석과 함께 박물관으로 옮겼다.

218 삼층석탑

219
삼층석탑
경주 남산 승소골
통일신라 9세기
높이 377.0cm

220
삼층석탑
경주 남산 삼릉
통일신라
높이 216.0cm

221
석등
경주 읍성
통일신라 8~9세기
높이 259.0cm

222
석등
경주 읍성
통일신라 8~9세기
높이 221.0cm

통일신라 후기 사리장엄구

탑에 봉안하는 사리를 담은 그릇과 공양품 등을 사리장엄구라고 한다. 8세기 이후에 경주 왕경과 지방의 절에서 발견된 사리장엄구는 모두 간소화되는 경향을 보인다. 여러 겹으로 만드는 사리기의 수가 줄어서 외함과 사리병만으로 이루어진 경우가 많고 공양품 종류와 수량도 줄었다. 8세기 초에는 『무구정광대다라니경』의 영향력이 커지면서 이를 따라서 사리를 장식하고 탑을 만드는 방식이 중국보다 활발히 적용되었고, 통일신라 후기에는 이러한 방식이 보편화되었다. 『무구정광대다라니경』에서는 탑을 만들거나 수리할 때 다라니를 넣은 작은 탑을 봉안하고 이로써 공덕을 쌓으라고 말한다. 신라 탑에는 『무구정광대다라니경』과 작은 탑을 함께 넣거나 그중에 하나만 넣었다. 작은 탑은 77개나 99개를 넣기도 하고 이보다 적게 넣기도 하였다.

223
사리장엄구(사리호·사리병·소탑)
봉화 서동리 동 삼층석탑
통일신라 9세기
높이 9.1cm(가운데)

봉화 서동리 동 삼층석탑을 해체하여 수리하다가 1층 탑 몸돌 윗면 사리공에서 사리장엄구를 발견했다. 사리공 중앙에 유리 사리병을 넣은 곱돌 사리호가 놓여 있고 그 주위에는 흙으로 만든 작은 탑 99개가 세워져 있었다. 소탑 바닥 면 구멍 안에는 먹으로 쓴 다라니를 말아서 넣었으며, 일부에는 나무 마개가 남아 있다.

224
사리장엄구(소탑·사리호·경통)
봉화 축서사 삼층석탑
통일신라 867년
길이 24.1cm(맨앞)

봉화 축서사에서 보관해 오던 사리장엄구로, 1929년에 일본인이 샀다가 조선총독부박물관에 다시 판 것이다. 지금은 곱돌 사리호, 경전을 넣었던 통, 흙으로 만든 작은 탑이 남아 있다. 사리호 바깥 면에는 탑과 사리를 모신 연대, 소원을 빈 사람과 목적 등을 알 수 있는 글자가 새겨져 있다. 글 내용과 함께 봉안된 소탑, 경통으로 보아 이 사리장엄구는 당시 유행하던 무구정탑無垢淨塔 신앙에 따라 만들어졌음을 알 수 있다. 사리호 몸체에 난 구멍의 쓰임은 알 수 없다.

225
사리장엄구(사리호·항아리·탑지석)
포항 법광사 터 삼층석탑
통일신라 9세기
높이 10.8cm(오른쪽)

청동 사리호, '불정존승다라니佛頂尊勝陀羅尼'라는 먹글씨가 쓰인 곱돌 항아리, 탑을 세운 과정이 기록된 탑지석塔誌石 두 개가 함께 발견되었다. 곱돌 항아리는 현존하는 통일신라 시기 유물 가운데 제작 시기가 가장 빠르다. 두 탑지석 중 하나는 통일신라 때 만들어졌고 다른 하나는 조선시대 때 만들어졌다. 통일신라 탑지석에는, 828년에 세운 탑을 846년(문성왕 8)에 옮겨 세웠으며, 신라 왕실의 후원을 받았다는 기록이 있다. 조선시대 탑지석에는 1698년(강희康熙 37)에 사찰을 다시 수리했다는 내용과 1747년(건륭乾隆 12)에 석탑을 수리했다는 기록이 있다.

지배체제의 정비와 사회적 변화

삼국을 통일한 신라는 국가를 안정적으로 운영하기 위해 일련의 지배체제를 정비해 나갔다. 우선 국학을 정비해 유학적 소양을 갖춘 관료를 꾸준히 양성해 나갔다. 신라가 삼국을 통일하고 영역이 넓어지면서, 이에 따라 새로운 관부가 만들어지고 관료의 수가 늘어나는 것은 자연스러운 현상이었다. 이제 기존의 화랑도 조직만으로 인재를 충원하기는 힘들어졌고, 국학이 그 역할을 차츰 대체하기 시작했다. 국학에서 배출한 인재는 유학에 바탕을 두면서도 행정적 역량을 갖추었으므로, 관료로 등용하기에 손색이 없었다. 이렇게 등용된 관료는 왕권을 강화하는 정책을 뒷받침하는 역할을 담당했다.

정치적인 면에서는 관료 기구의 기능을 확대하는 방향으로 중앙의 정치기구가 개편되었고, 귀족회의의 대표인 상대등과 집사부의 장관인 중시가 중앙 정치 운영에서 핵심적인 지위를 차지했다.

중요한 사찰에는 성전成典을 설치해 운영과 수리 등을 담당하게 했는데, 신라가 삼국을 통일하기 이전에는 보이지 않던 새로운 모습이다. 771년에 완성된 성덕대왕신종의 명문에는 종을 만드는 데 참여한 사람들의 관직과 관등이 상세히 실려 있어서 성전의 운영 양상을 확인할 수 있다.

한편, 신라는 조세 수취와 상품 거래 시 기준이 되는 도량형을 정비해 길이, 부피, 무게 등의 불일치로 생겨나는 각종 폐단을 막았다. 『삼국사기』에 따르면 문무왕은 나당전쟁 와중이던 665년에 비단과 베 1필의 도량을 손보기도 하였는데, 그만큼 도량형의 통일이 사회경제적으로 중요한 문제였음을 시사한다. 국가가 주도하는 제사도 이전보다 한층 체계화되었고, 백제와 고구려의 옛 지역도 신라의 제사 체제로 편제되었다. 이렇듯 삼국통일 이후 지배체제를 정비하기 위한 신라의 움직임은 여러 방면에서 나타났다.

관료의 양성과 문서 행정

신라는 새로운 통일 국가의 운영을 위해 관료의 양성에 힘을 쏟았다. 당시는 유교적인 정치 이념을 내세웠기 때문에, 신라는 유학적인 소양을 갖춘 인재가 절실했다. 신라 최고의 교육 기관이었던 국학은 바로 유학 교육과 인재 양성의 요람으로 기능했다. 국학에서는 『논어論語』를 비롯한 유교 경전에 대한 교육은 물론이고 문장의 구사를 위한 교육도 함께 이루어졌다. 신라의 지방이었던 김해와 인천에서 논어 목간이 출토될 만큼 유학 교육은 중앙과 지방을 가리지 않았다.

국학생들은 학업을 마치면 관료로 등용되었고, 문서 행정을 바탕으로 실무 관료로서의 역량을 적극 발휘해 나갔다. 문서 행정은 삼국통일로 광역화된 국가를 효율적으로 운영하기 위해 한층 체계화되었으며, 왕경을 비롯해 전국 각지에서 출토되는 벼루는 문서 행정과 밀접히 관련되어 있다. 문무왕은 675년 구리로 각 관청 및 주州·군郡의 도장을 만들어 내려주었는데, 관인官印을 사용한 문서 행정이 본격적으로 시행되었음을 알려주는 조치였다.

문무왕릉비

문무왕릉비의 첫머리에는 국학소경 김□□가 왕명을 받들어 비문을 지었다는 구절이 있다. 국학은 신라 최고의 교육 기관으로, 진덕여왕 때 당나라의 문물을 받아들이면서 처음 설치했다가 신문왕 2년(682) 체계를 완전히 갖추었다. 국학은 유학적 소양을 갖춘 관료를 양성하기 위해 설치했으며, 주로 『논어』와 『효경孝經』, 『주역周易』 등 유교 경전을 중심으로 교육이 이루어졌고 문장을 구사할 수 있도록 문학도 가르쳤다. 국학생들은 학업을 마치면 관료로 등용되었다. 이렇게 등용된 관리는 왕권을 강화하는 정책을 뒷받침했다.

담양 개선사開仙寺에는 868년 경문대왕景文大王과 문의황후文懿皇后, 훗날 진성여왕으로 즉위하는 큰 공주[대낭大娘]가 발원해 세운 석등이 남아 있다. 보물로 지정된 이 석등은 화창火窓 사이 마다 석등의 건립 연대와 과정 등을 기록한 명문이 새겨져 있다. 명문에는 등을 밝힐 기름의 경비와 관련해 '전前 국자감경國子監卿 사간沙干 김중용金中庸'이 등장하는데, 국자감은 국학을 의미한다. 신라에서 국학과 더불어 국자감이란 명칭을 사용했음을 알려주는 자료로, 경卿은 국학의 최고 책임자이다.

담양 개선사 석등

신라 국학이 있던 곳에 세워진 경주향교 모습(일제 강점기 촬영)

226
토용
경주 용강동
통일신라 8세기
높이 17.1cm

648년 김춘추에 의해 당나라 복식이 신라에 수용되면서 관료들의 복식도 당나라 양식으로 바뀌었다. 경주 용강동 돌방무덤에서 출토된 문관상 토용 및 동궁과 월지에서 출토된 청동으로 만든 허리띠에서 그러한 시대상이 잘 드러난다. 얼굴은 서아시아인을 닮았지만 신라 관료의 복식을 한 이 문관상 토용은 손에 홀笏을 들고 있어, 조회나 각종 국가 행사 등을 위해 관복을 갖춰 입고 홀을 들고 도열한 신라 관료들을 연상케 한다.

227
허리띠
경주 동궁과 월지
통일신라
길이 5.4cm(띠고리)

신라는 삼국을 통일한 이후 관료 조직을 확충했고, 율령에 기초한 문서 행정을 통해 국가의 지배력을 관철시켰다. 관청에서 사용하는 도장은 공문서의 공신력을 보증하는 역할을 했다. 관료는 도장과 떼려야 뗄 수 없는 관계였다. 경주 황남동 376번지 유적에서 출토된 도장은 '관인官印'이라는 글자가 찍히도록 제작했다는 점에서 흥미롭다.

228
도장
경주 황남동 376번지 유적
통일신라
길이 3.2cm

229
도장
경주 동천동 681-1 유적
통일신라
길이 3.5cm

1면   2면   3면

230
문서 목간
경주 동궁과 월지
통일신라 8~9세기
길이 31.9cm

세 면에 먹으로 글씨를 적은 목간이다. 12월 27일에 전대사典大舍를 맡고 있던 사림思林이라는 인물이 이전二典(2개의 관청)에 무언가를 전달하는 내용이 담긴 것으로 추정된다. 두 번째 면의 글자를 판독하기 힘들어 구체적인 내용은 알기 어렵지만, 문서의 작성 시점과 작성자, 수신자 등이 확인된다. 궁궐 내 문서 행정의 일면을 보여주는 목간으로, 중앙 관청에서 근무하던 관료들의 모습을 떠올리게 한다. 문서의 마지막에 문서를 작성한 날짜, 문서 작성자를 기록한 것은 중국 당나라와 일본 고대 율령의 문서 서식과 같다.

231
벼루
경주 일원
통일신라
높이 10.2cm(오른쪽 뒤)

종이, 붓, 먹과 함께 문방사우文房四友를 이루는 벼루는 글을 쓰는 데 필요한 도구이다. 벼루는 왕경 전역에서 출토되지만 월성 및 동궁과 월지 일대에서 많이 출토된다. 이는 중앙 관청에서 다양한 문서 행정이 이루어졌음을 뒷받침한다. 통일신라의 벼루는 크게 도장무늬[印花文]를 새긴 것과 아무런 장식을 하지 않은 것으로 나뉜다. 벼루 가운데는 다리에 동물 얼굴을 표현한 다각연多脚硯도 있는데, 실용성과 장식성을 모두 갖추었다. 다각연은 궁궐 일대에서 많이 출토된다.

232
벼루
경주 동궁과 월지
통일신라
길이 15.0cm

박달나무로 만든 칠기 벼루로, 먹물이 모이는 오목한 부분인 연지硯池가 닳아서 깊게 파인 것으로 미루어 오랫동안 사용했던 것으로 보인다. 연지를 제외한 다른 부분은 흑칠黑漆을 했다. 현재 남아 있는 우리나라의 칠기 벼루는 이 벼루가 유일하다.

233
'椋司'를 적은 벼루
경주 동궁과 월지
통일신라
지름 16.5cm

벼루의 밑바닥에 묵서로 '경사椋司'가 적혀 있다. '경椋'은 건물 바닥이 땅에 닿지 않도록 기둥 위에 세운 창고를 의미한다. 따라서 '경사椋司'는 창고를 관리하는 관부의 이름으로 추정된다. 이 벼루의 밑바닥에 남긴 묵서는 벼루가 해당 관부의 소유임을 표시하기 위한 용도로 여겨진다.

234
'十石入瓮'을 새긴 큰항아리
경주 동궁과 월지
통일신라 8~9세기
높이 150.0cm

통일신라에서는 용량과 관련해 홉[합合], 되[승升], 말[두斗], 섬[석石]이라는 단위를 사용했는데, 10홉이 1되, 10되가 1말, 10말이 1섬이었다. 이 항아리에 새겨진 명문은 '10섬이 들어갈 수 있는 항아리'로 해석된다. 그동안 이 항아리의 용량은 520ℓ로 알려져 1섬을 52ℓ로 파악해 왔으나 최근 721ℓ일 가능성이 제기되었다. 이 항아리는 당시 양제量制를 연구하는 데 중요한 자료이다.

명문 세부

의례

고대 국가에서 제사는 국가 장래와 연결된다고 믿어 정성을 다해 치렀다. 신라도 하늘에 대한 제사와 조상 제사 등 여러 종류의 제사를 지냈다. 통일 이후에는 종묘사직과 산천에 대한 제사를 중요하게 여겼다. 신라 왕경은 선상지扇狀地에 위치해 유난히 우물이 많았다. 고대부터 우물은 식수를 공급해준다는 점에서 생명력의 근원이 되는 장소이자 하늘의 뜻을 전달하는 통로로 인식되었다. 이에 따라 우물에서는 나라의 안정과 번영, 병의 치유, 부정함을 물리치거나 가뭄 등을 극복하기 위한 다양한 성격의 제사 행위가 이루어졌다. 신라 왕경과 관련된 우물 유적에서는 청동그릇, 토기, 동물뼈 등과 함께 '용왕龍王'이 적힌 목간이 발견되었다. 동물뼈는 우물 제사에 사용된 음식이나 희생물로 생각되며, 용왕이 새겨진 목간은 당시 우물에서 용왕 제사가 이루어졌던 모습을 유추해볼 수 있는 자료이다.

235
우물 출토 토기와 목기
경주 인왕동
통일신라
길이 29.5cm(앞쪽 두레박)

236
글자를 적은 목간
경주 인왕동
통일신라
길이 24.1cm

1면   2면

237
빗
경주 인왕동
통일신라
길이 10.3cm

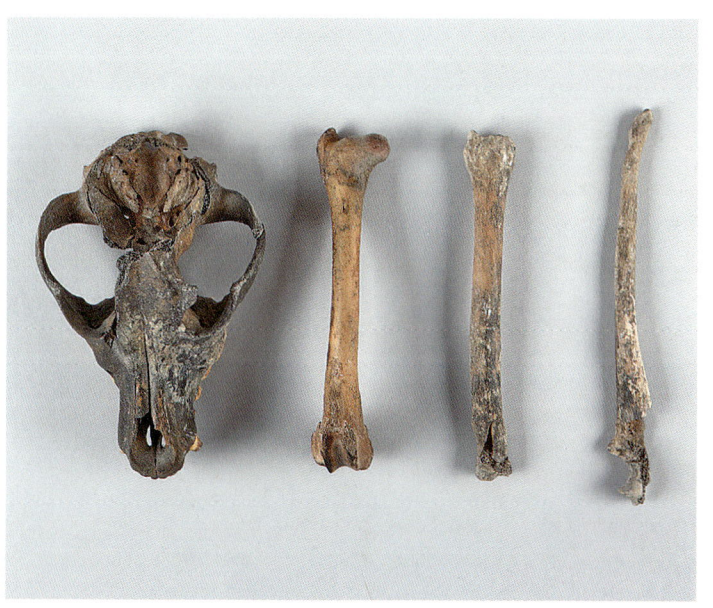

238
개뼈
경주 황남동
통일신라
길이 18.1cm(두개골)

239
청동그릇·청동숟가락·청동뒤꽂이
경주 인왕동
통일신라
지름 7.0cm(청동접시)

240
'辛審龍王'을 새긴 토기
경주 동궁과 월지
통일신라
지름 19.9cm

241
'辛審龍王'을 새긴 토기
경주 동궁과 월지
통일신라
지름 11.4cm

경주 동궁과 월지에서는 '신심용왕辛審龍王'이라는 글자가 새겨진 토기가 여러 점 출토되었다. 이 토기는 월지에서 용왕에 대한 제사를 지낼 때 사용했던 제기祭器로 추정된다. 동궁과 월지를 관장한 동궁관東宮官의 산하에는 용왕전龍王典이라는 관부가 있었는데, 월지에서 이루어진 용왕 제사를 담당했던 것으로 보인다.

242
향로 뚜껑
경주 동궁과 월지
통일신라 8~9세기
높이 16.5cm

곱돌로 만든 향로 뚜껑이다. 뚜껑을 뒤집어 보면 사자의 목구멍과 콧구멍으로 연결된 구멍이 있어 향로에 향을 피우고 뚜껑을 닫으면 이 구멍을 통해 연기가 사자의 코와 입으로 나오게 된다. 궁중에서 거행된 의례나 제사 때 사용된 것으로 추정된다.

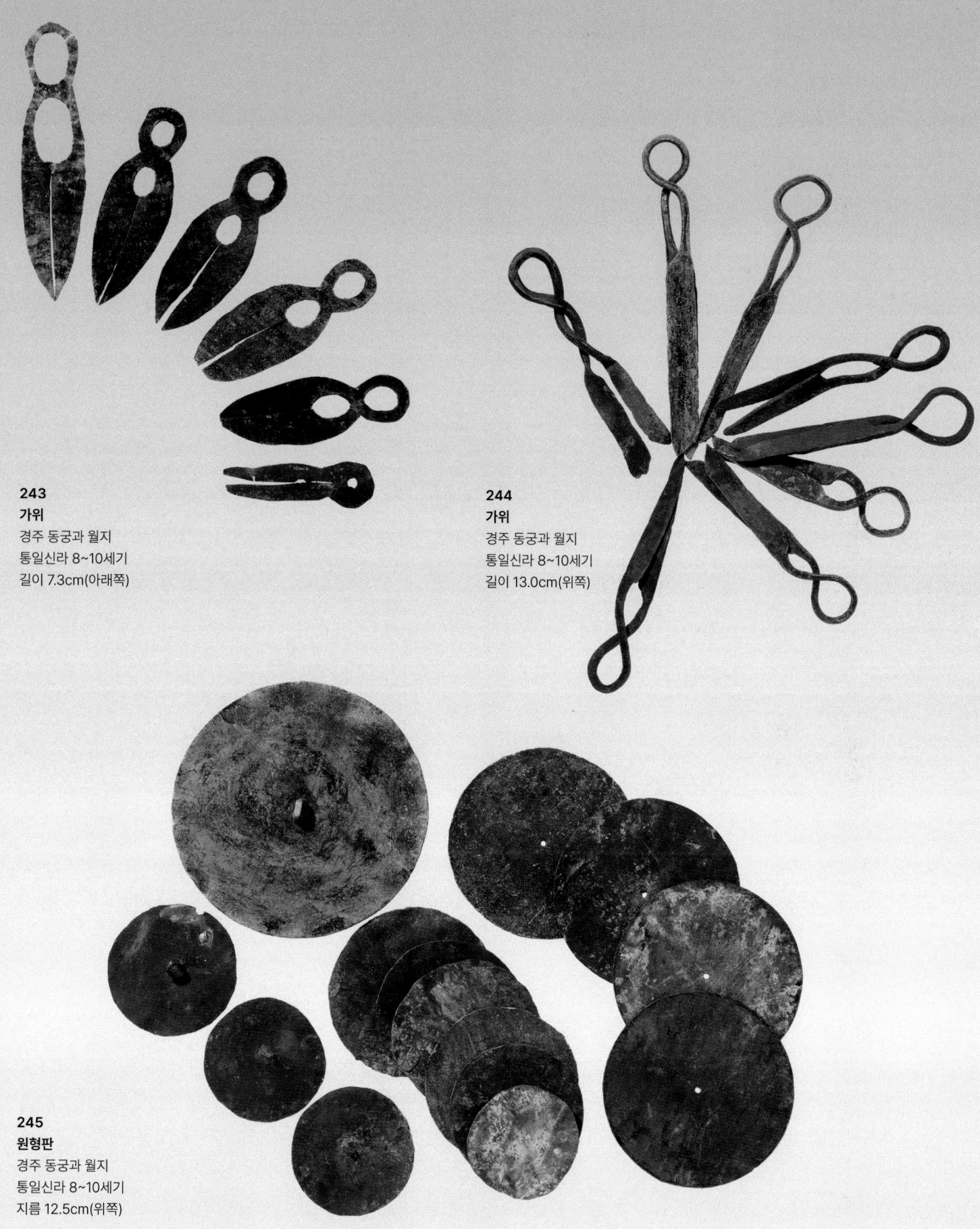

243
가위
경주 동궁과 월지
통일신라 8~10세기
길이 7.3cm(아래쪽)

244
가위
경주 동궁과 월지
통일신라 8~10세기
길이 13.0cm(위쪽)

245
원형판
경주 동궁과 월지
통일신라 8~10세기
지름 12.5cm(위쪽)

왕경의 정비

대체로 전근대의 수도는 정치와 경제는 물론이고 문화, 국방의 중심지였다. 신라의 수도였던 금성金城 역시 마찬가지였는데, 금성은 흔히 왕경으로 불렸다. 널리 알려져 있듯이 신라는 경주를 수도로 정한 이후 수도를 옮긴 적이 없다. 따라서 신라가 발전을 거듭할수록 재화와 물산이 계속해서 왕경에 모이게 되었고, 정치적 중심지로서의 기능은 더욱 커졌다. 487년 사방에 우역郵驛을 설치하고 관도官道를 수리케 했다거나 509년 왕경에 시장을 설치했다는 『삼국사기』의 기록이 이를 잘 보여 준다. 신라인들은 왕경의 중심부에 거대한 능묘를 축조했고, 왕경에는 산 자의 공간과 죽은 자의 공간이 어우러진 독특한 경관이 연출되었다. 하지만 6세기 전반부터 능묘는 서악동·보문동 등 왕경의 외곽 지역에 조성되기 시작했고, 대신 흥륜사를 비롯한 사찰이 왕경에 들어섰다. 이러한 양상은 법흥왕 대 불교의 공인과 관련이 있다. 더욱이 7세기 후반까지 대규모 사찰은 사방에서 왕경으로 들어오는 진입로에 위치하는 경향이 두드러지는데, 왕경이 사찰로 둘러싸인 듯한 분위기를 자아내는 동시에 마치 왕경이 불국토인 양 인식하도록 만들었다. 절이 별처럼 많고 탑이 기러기처럼 늘어서 있었다는 신라 왕경의 모습은 이렇게 서서히 형성되어 갔다.

왕경 내부는 6세기 중반 이후부터 직선 도로로 토지가 반듯하게 구획되기 시작했고, 8세기부터는 북천 이북과 남천 이남 등 왕경 전역으로 격자 모양의 토지 구획이 확대되었다. 이처럼 직선 도로로 토지를 반듯하게 구획하는 방식은 토지의 활용도를 극대화하는 것으로, 오늘날의 도시 계획에도 많이 활용되고 있다. 현재까지 신라 왕경에서 조사된 도로는 15m 이상과 10m 내외, 5m 내외 등 크게 세 가지 유형으로 나뉘는데, 왕경이 체계적인 계획에 따라 정비되었음을 시사한다.

삼국통일과 대대적인 토목 공사

『삼국사기』에는 679년에 궁궐을 웅장하고 화려하게 수리했으며, 동궁 東宮을 짓고 궁궐 안팎의 여러 문의 이름을 정했다는 기록이 실려 있다. 이는 신라가 삼국을 통일한 이후 강력해진 국력을 대내외에 과시하려는 조치로 이해된다. 통일 왕조의 면모를 드러내는 작업은 궁성을 넘어 왕경으로 확산되었다. 이를 잘 보여 주는 사례가 '의봉사년개토儀鳳四年 皆土'라는 글자를 새긴 기와이다. 의봉 4년은 679년이고 '개토皆土'는 대규모 토목 공사라는 뜻이 담긴 것으로 추정된다. 월성 일대를 비롯해 경주 곳곳에서 이 기와가 발견된다는 사실은 왕경의 정비가 그만큼 대대적으로 이루어졌음을 의미한다.

신라는 삼국을 통일하는 과정에서 전쟁에 공을 세운 지방민은 물론이고 백제와 고구려 귀족을 왕경에 거주하도록 허용했다. 이에 따라 7세기 후반을 전후해 상당한 인구가 왕경으로 유입되었던 것으로 보인다. 왕경의 인구가 늘면서 자연스레 사람들의 거주 공간이 부족해졌고, 신문왕은 왕경이 지닌 여러 한계를 해결하고자 689년에 달구벌(대구)로 수도를 옮기려 했다. 하지만 귀족들의 반발로 실패했고, 대신 북천 이북의 동천동 등을 본격적으로 도시로 개발하는 등 왕경 정비에 더욱 박차를 가했다.

이렇듯 7세기 후반 이래의 대규모 토목 공사로 인해 기와의 수요는 급증했고, 연꽃무늬 위주로 제작되던 수막새의 문양도 한층 다양해졌다. 아울러 기와를 제작하는 태토胎土는 이전 시기에 비해 거칠어지는 경향을 보이는데, 그만큼 기와의 수요가 폭발적으로 늘어났음을 알 수 있다.

246
연꽃무늬 수막새
경주 동궁과 월지
통일신라 7세기
지름 13.3cm

7세기 후반이 되면 연꽃무늬가 2겹으로 구성된 중판重瓣 연꽃무늬 수막새가 등장한다. 가장자리에는 구슬무늬[連珠文]를 새겼다. 이전 시기의 연꽃무늬 수막새와 비교해 막새의 무늬가 한층 화려해지고 장식성이 두드러지는 점이 특징이다. 그럼에도 좌우와 상하가 거의 대칭을 이룰 만큼 짜임새와 균형감이 느껴진다. 679년 무렵에 창건된 동궁과 월지, 사천왕사 등에서 많이 출토되며, 7세기 후반을 대표하는 수막새이다.

247
'儀鳳四年皆土'를 새긴 암키와
경주 동궁과 월지
통일신라 679년
길이 39.2cm

세부

248
막새기와
경주 일원
통일신라
길이 35.3cm(오른쪽 뒤)

248
막새기와
218

249
연꽃무늬 수막새
경주 황룡사 터·전 흥륜사 터
통일신라
지름 13.2cm(오른쪽)

250
동물무늬 수막새
경주 동궁과 월지
통일신라 8~9세기
지름 14.2cm(왼쪽)

251
'在城'을 새긴 수막새
경주 동궁과 월지
통일신라
지름 16.9cm

경주 월성 일대에서는 '재성在城'이란 글자를 새긴 기와가 종종 출토되는데, '왕이 계신 성'이라는 뜻이 담겨 있다. 왕경 서북쪽에 자리한 금장리 기와 가마 유적에서는 '재성'이란 글자를 새긴 기와가 여러 점 출토되어 이곳에서 기와를 생산하여 왕궁에 공급했던 것으로 추정된다.

252
'在城'을 새긴 수막새·수키와
경주 인왕동 월성해자·금장리 기와가마 터
통일신라
지름 15.5cm(왼쪽)

253
용·집무늬 벽돌
울산 중산동 절터
통일신라
길이 15.4cm

일제 강점기에 울산 중산동(옛 울주군 중산리) 절터에서 발견된 용과 집무늬가 있는 벽돌이다. 용·집무늬 벽돌에는 용머리의 옆면과 함께 절반 정도 가려진 당시 건물이 표현되어 있다. 건물의 전반적인 형태는 집무늬 벽돌을 통해 확인할 수 있다. 벽돌의 한쪽 옆면에는 구름으로 둘러싸인 높은 축대 위에 놓인 건물 두 채가 새겨져 있다. 건물은 정면 3칸이며, 창살과 문, 기둥 위와 처마 끝의 구조물 등을 섬세하게 표현했다. 처마 끝은 하늘을 향해 위로 뻗어 있으며, 지붕 양 끝의 장식 기와인 치미는 안쪽으로 크게 휘어져 있다. 지붕의 기왓골까지 세밀하게 묘사해 통일신라시대 목조 건축물의 양식을 짐작케 하는 귀중한 자료이다.

254
집무늬 벽돌
울산 중산동 절터
통일신라 8세기
길이 20.0cm

동궁과 월지

『삼국사기』에 따르면 문무왕 14년(674) 2월 궁 안에 못을 파고 산을 만들어 화초를 심고 진기한 새와 기이한 짐승을 길렀다고 한다. 여기에 언급된 못을 학계에서는 일반적으로 월지月池로 이해하는데, 7세기 후반이 되면 월지 일대까지 궁의 영역에 포함되었음을 알 수 있다. 이는 궁성의 범위가 월성 밖으로 확장되었음을 뒷받침하는 구체적인 사례이다. 1975~6년 월지 일대를 발굴하는 과정에서 '동궁東宮'·'태자太子'가 새겨진 문자 자료가 여러 점 출토되었다. 이 때문에 동궁이 이곳에 있었다는 주장이 제기되었다. 그리고 '의봉 4년儀鳳四年'(679)과 '조로 2년調露二年'(680)이란 글자를 새긴 기와와 벽돌이 출토되었는데, 679년 동궁을 지었다는 기록과 부합한다. 이에 따라 월지 서편 건물군을 태자가 활동하던 동궁의 중심 공간으로 여겨 왔으나, 근래에는 월지 서편 건물군의 배치 양상 등을 근거로 정전正殿을 비롯한 국왕의 활동 공간으로 보기도 한다. 동궁과 월지에서는 화려한 문양이 장식된 기와와 벽돌, 금동으로 만든 판불과 초심지 가위, 용머리 장식, 봉황 장식을 비롯해 다른 유적에서는 볼 수 없는 다양한 문화유산이 출토되었다. 이는 월지 일대가 궁성에 포함된 데 따른 것으로, 신라 궁정 문화의 높은 수준을 짐작케 한다.

255
'東宮衙鎰'을 새긴 자물쇠
경주 동궁과 월지
통일신라 8-9세기
길이 32.3cm

256
'奉太子君'을 적은 목간
경주 동궁과 월지
통일신라
길이 6.1cm

동궁과 월지에서는 '동궁아일東宮衙鎰'이라는 글자를 새긴 자물쇠와 '봉태자군奉太子君'이라는 글자가 쓰인 목간이 출토되었다. '동궁아東宮衙'는 동궁과 관련한 제반 업무를 총괄했던 것으로 추정되는 관부로, '동궁아일'은 동궁아에서 사용하던 자물쇠를 의미한다. '봉태자군'이 적힌 목간과 더불어 월지 인근에 동궁이 위치하였음을 알려주는 중요한 자료이다.

경주 동궁과 월지 전경

257
'調露二年'을 새긴 벽돌
경주 동궁과 월지
통일신라 680년
너비 32.3cm

윗면의 중앙에 연판, 그 외측에 커다란 보상화를 배치하고 네 모서리에 별개의 꽃잎을 표현했다. 옆면에는 두 마리의 사슴을 서로 마주보는 형태로 배치하고 그 주위에 화려한 당초무늬를 새겨 장식성을 더했다. 윗면과 측면에 새겨진 무늬는 화려하면서도 좌우 대칭을 이루 균형감이 느껴진다. 또 다른 측면에는 "조로 2년(680) 한지벌부漢只伐部의 군약君若(사람 이름) 소사小舍(17관등 중 13관등)가 3월 3일에 만들었다"는 내용이 새겨져 있다. 쌍사슴보상화무늬[雙鹿寶相華文]가 새겨진 벽돌은 8세기 중반에 제작된 것으로 이해해 왔으나, 동궁과 월지를 발굴하는 과정에서 '조로 2년'이 새겨진 벽돌이 출토되면서 680년 무렵부터 제작되었음이 새롭게 밝혀졌다.

258
항아리와 뚜껑
경주 동궁과 월지
통일신라 7세기
높이 15.7cm(항아리)

259
개원통보
경주 동궁과 월지
통일신라 7세기
지름 2.5cm

건물을 짓기 전에 나쁜 기운을 막기 위해 기단부에 넣은 지진구地鎭具가 월지 서편 건물터에서 출토되었다. 뚜껑이 덮인 항아리 내부에 개원통보 開元通寶가 담겨 있었는데, 개원통보는 중국 당나라에서 621년부터 주조되기 시작해 약 300여 년 동안 유통되었다. 『삼국사기』에 의하면 674년 월지를 조성하고 679년 동궁을 지었다고 하며, 동궁과 월지에서 '의봉 4년儀鳳四年'(679) 및 '조로 2년調露二年'(680)에 제작된 기와와 벽돌이 출토된 점으로 보아 지진구로 사용된 항아리와 뚜껑도 674~680년에 제작된 것으로 추정된다. 당시의 건축 의례는 물론이고 신라 토기의 연대를 연구하는 데 중요한 자료이다.

260
암막새와 수막새
경주 동궁과 월지
통일신라 7세기
지름 12.5cm(수막새)

261
녹유 연꽃무늬 수막새
경주 동궁과 월지
통일신라 7세기
지름 12.9cm

뒷면

연꽃무늬가 2겹으로 구성된 중판 연꽃무늬 수막새는 턱이 없는 당초무늬 암막새와 세트 관계로 밝혀졌다. 턱이 없는 당초무늬 암막새 가운데 일부는 '의봉사년개토儀鳳四年皆土'라는 글자가 새겨져 있어서 679년 무렵에 제작되었음을 알 수 있다. 신라 목조 건물의 처마 끝을 무늬가 있는 암·수막새로 장식한 첫 사례로, 최근 월성을 발굴하는 과정에서도 턱이 없는 당초무늬 암막새와 중판 연꽃무늬 수막새가 짝을 이루며 사용되었음이 확인되었다.

동궁과 월지에서 출토된 중판 연꽃무늬 수막새 가운데는 녹유를 입힌 경우도 있다. 이 가운데 일부는 수막새의 뒷면에 수키와를 접합한 흔적이 없고 어디에 끼우기 위한 둥근 형태 또는 원통 형태의 촉이 있는데, 지붕에 올린 것이 아니라 천개天蓋나 불단을 비롯한 실내의 구조물을 장엄하기 위한 용도로 추정된다.

262
녹유 짐승 얼굴무늬 기와
경주 동궁과 월지
통일신라 7~8세기
높이 29.2cm

내림마루나 귀마루 끝에 얹는 장식용 기와로, 흔히 귀신 얼굴무늬 기와 또는 용 얼굴무늬 기와로 불리기도 한다. 상상 속 짐승의 얼굴을 표현했으며, 이마의 가지뿔과 보주寶珠, 부릅뜬 눈, 길게 찢어진 입과 날카로운 송곳니, 입가의 운기무늬[雲氣文] 등을 입체적으로 나타내 생동감이 넘친다. 이를 통해 나쁜 기운이나 잡귀 등의 침입을 물리치고자 했던 것으로 보인다. 월지 일대에서 출토된 다양한 형식의 짐승 얼굴무늬 기와 가운데 이 형식의 출토 수량이 가장 많아서 7세기 후반 이후 성행했던 것으로 추정된다. 녹유를 입힌 짐승 얼굴무늬 기와는 현재까지 동궁과 월지, 월성, 사천왕사에서만 출토되어 궁궐 내지 왕실과의 깊은 연관성을 짐작케 한다.

263
연꽃무늬 수막새
경주 동궁과 월지
통일신라 7세기
지름 14.0cm

264
연꽃보상화무늬 수막새
경주 동궁과 월지
통일신라 7세기
지름 15.0cm

265
연꽃보상화무늬 수막새
경주 동궁과 월지
통일신라 7세기
지름 13.8cm

266
인동보상화무늬 수막새
경주 동궁과 월지
통일신라 7세기
지름 14.5cm

267
연꽃무늬 수막새
경주 동궁과 월지
통일신라 8세기
지름 12.8cm

268
연꽃무늬 수막새
경주 동궁과 월지
통일신라 8세기
지름 12.0cm

동궁과 월지에서는 24,000여 점이 넘는 다종다양한 기와가 출토되었다. 기와는 지붕 위에 빗물이나 습기가 스며드는 것을 막는 동시에, 처마의 끝에 얹는 막새에 여러 무늬를 새긴 데서 알 수 있듯이 건물을 치장하는 기능도 있었다. 동궁과 월지에서 출토된 수막새의 화려한 무늬는 월지 일대에 건립된 궁궐 건물을 얼마나 장엄하게 꾸몄는지 가늠케 한다.

『삼국사기』에는 동궁의 창건과 중수, 그리고 임해전臨海殿을 비롯한 월지 주변 전각의 수리와 관련한 여러 기사가 실려 있다. 이 때문에 동궁과 월지에서 출토된 기와는 통일신라 기와의 형식을 나누고 제작 시기를 추정하는 데 핵심적인 자료로 활용되고 있다.

269
연꽃무늬 수막새
경주 동궁과 월지
통일신라 8세기
지름 14.0cm

270
보상화무늬 수막새
경주 동궁과 월지
통일신라 8세기
지름 15.4cm

271
보상화무늬 수막새
경주 동궁과 월지
통일신라 8세기
지름 11.0cm

272
연꽃당초무늬 수막새
경주 동궁과 월지
통일신라 9~10세기
지름 13.0cm

273
벽돌
경주 동궁과 월지
통일신라 7~8세기
길이 32.0cm(앞)

274
보상화무늬 문고리
경주 동궁과 월지
통일신라 8-9세기
고리 지름 13.5cm

보상화무늬와 짐승 얼굴무늬로 장식한 금동으로 만든 문고리이다. 보상화무늬 문고리의 장식판은 가장자리를 구슬무늬로 돌린 다음 보상화무늬를 맞새김했다. 짐승 얼굴무늬 문고리는 같은 틀로 주조한 뒤 도금한 것으로 동궁과 월지에서 여러 점이 출토되었다. 짐승 얼굴의 입에는 염주 모양으로 생긴 둥근 고리를 물려 손으로 잡을 수 있게 했다. 크기로 미루어 보상화무늬 문고리는 대문에, 짐승 얼굴무늬 문고리는 작은 문짝에 달았던 것으로 추정된다. 문고리 장식만 놓고 보더라도 왕경 내의 다른 건물에 비해 월지 주변의 건물이 위계가 높았음을 알 수 있다.

275
짐승 얼굴무늬 문고리
경주 동궁과 월지
통일신라 8-9세기
길이 10.4cm(왼쪽)

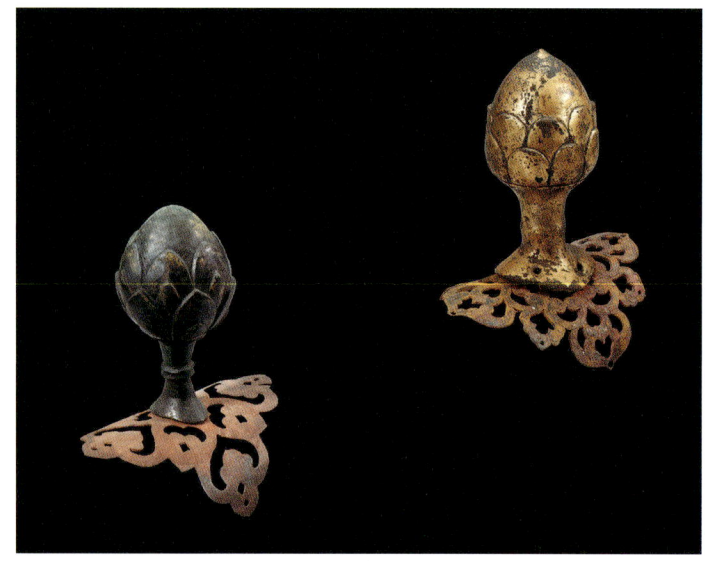

276
연꽃 봉오리 장식
경주 동궁과 월지
통일신라
높이 18.8cm(오른쪽)

금동으로 만든 연꽃 봉오리 장식은 보상화무늬가 맞새김된 받침과 세트를 이루며, 나무로 만든 둥근 난간 봉의 상부에 부착했던 것으로 추정된다. 왼쪽 연꽃 봉오리 장식은 하단부의 아래쪽에 긴 못과 같은 형태의 촉을 두어 난간 봉에 고정하였고, 오른쪽 연꽃 봉오리는 하단부의 가장자리에 구멍을 마련해 못을 박는 방식으로 난간 봉에 고정한 것으로 보인다.

277
당초무늬 마구리 장식
경주 동궁과 월지
통일신라
지름 8.1cm

278
당초무늬 마구리 장식
경주 동궁과 월지
통일신라
너비 17.3cm

금동으로 만든 마구리 장식으로, 크기로 미루어 난간의 마구리 장식으로 추정된다. 동궁과 월지에서 출토된 마구리 장식은 원형과 방형으로 나뉘며, 마구리 부분을 금동판으로 1차 마감한 다음 그 위에 맞새김 장식을 덧씌워 마무리했다. 일본 헤이조쿄[平城京]의 오중탑이나 헤이조 큐[平城宮]의 대극전大極殿 등에서는 월지에서 출토된 마구리 장식보다 크기가 조금 더 큰 맞새김 마구리 장식으로 서까래나 사래의 끝 부분을 마감한 사례가 확인된다. 동궁과 월지에서도 맞새김 마구리 장식으로 서까래를 마감했을 가능성이 크다. 비슷한 시기에 창건된 사천왕사에서는 서까래 마감에 기와가 쓰였는데 동궁과 월지에서는 서까래 기와가 출토되지 않은 점도 이 같은 추정을 뒷받침한다.

279
풍탁
경주 동궁과 월지
통일신라
높이 16.0cm

건물의 추녀 끝에 매달았던 금동으로 만든 풍탁風鐸이다. 납작하게 찌그러졌지만 원래는 둥근 형태였을 것으로 추정된다. 몸통의 표면에 2조의 선을 등간격으로 긋고 그 사이에 날카로운 도구를 이용해 당초무늬를 새겼다. 몸통의 상단과 하단에 구멍이 뚫려 있다. 상단의 구멍은 추녀 끝에 매달기 위한 장치를 연결하는 용도로 추정된다.

280
발걸이 장식
경주 동궁과 월지
통일신라
길이 18.0~20.2cm

창으로 들어오는 햇살을 가리기 위해 발[簾]을 말아서 걸어두던 발걸이로, 금동으로 만들었다. 한쪽 끝에는 둥근 고리가 달려 있고, 다른 끝 부분은 연꽃 봉오리 모양으로 마감했다. 벽걸이 장식과 더불어 통일신라 궁궐의 실내 장식을 엿볼 수 있는 중요한 자료이다.

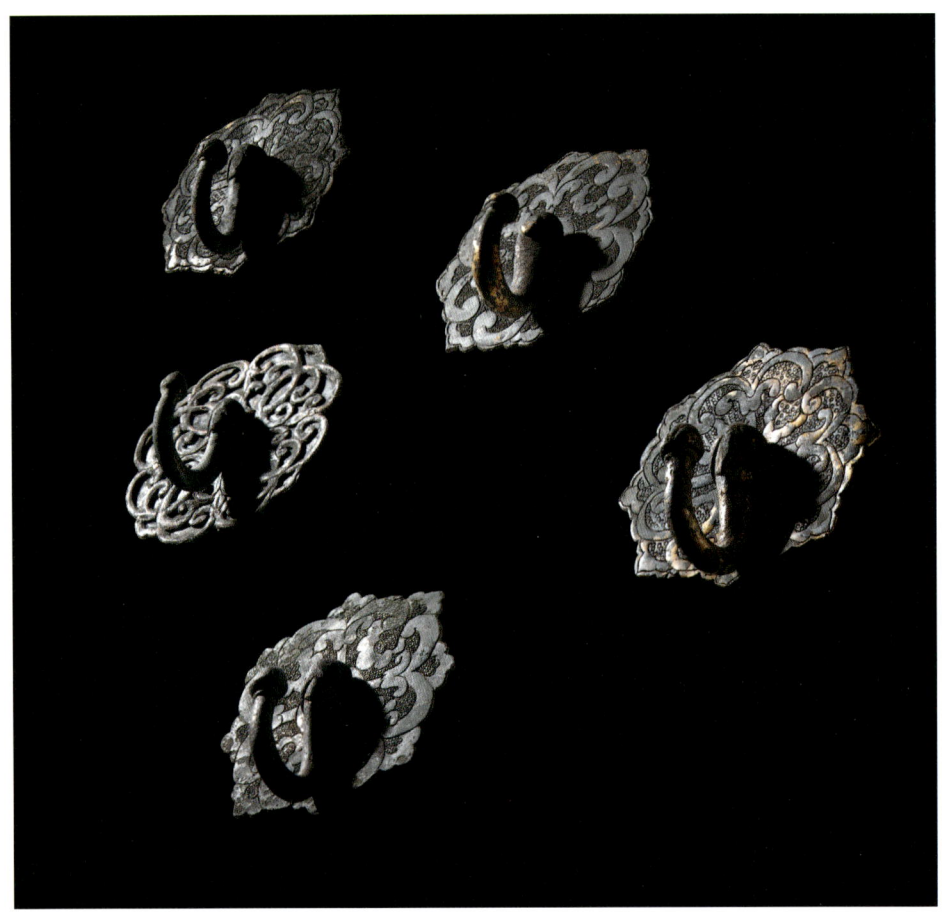

281
벽걸이 장식
경주 동궁과 월지
통일신라
길이 8.3~8.5cm

금동으로 만든 벽걸이 장식으로 걸개와 걸개 밑판 장식이 세트를 이룬다. 걸개 밑판 장식은 앞면에 음각하거나 뒷면을 타출하여 양각하는 기법으로 당초무늬나 보상화무늬를 표현했다. 형태로 보아 옷걸이, 장막 또는 번幡의 걸이로 사용했던 것으로 추정된다.

282
용머리 장식
경주 동궁과 월지
통일신라
길이 16.4cm

주조 방식으로 제작했으며, 뿔은 별도로 만들어 부착했다. 용머리 뒤는 나무를 끼울 수 있도록 내부가 비어 있으며, 귀 밑에는 못을 박을 수 있도록 구멍이 뚫려 있다. 의자의 팔걸이 또는 등받이 상단 봉의 끝 부분을 장식했던 것으로 보인다.

283
봉황 장식
경주 동궁과 월지
통일신라
높이 10.6cm

몸체와 양쪽 날개를 따로 주조하여 조립했다. 머리 위에는 뒤로 젖힌 뿔이 있고, 가슴에는 비늘이 새겨져 있다. 부리는 어떤 장식을 걸 수 있도록 둥근 고리를 물고 있다. 날개에는 도금한 흔적이 일부 남아 있다. 발 밑에는 둥근 받침이 있고, 바닥에 돌출부가 있는 것으로 보아 어디에 부착했던 것으로 추정된다. 봉황은 용과 함께 제왕을 상징하는 동물로, 월지 주변 건물의 성격을 짐작케 한다. 조선시대 궁궐의 정전正殿에도 봉황이 장식으로 활용되었다.

궁중 생활, 그 특별함

신라가 삼국을 통일한 이후 궁궐의 범위는 월성 외곽으로 확장되었고, 동쪽으로는 동궁과 월지의 동편 지역까지 포함되었다. 월성이나 동궁과 월지를 발굴하는 과정에서 출토된 문화유산은 궁궐 문화의 일면이 담겨 있다는 점에서 의미가 크다. 2014년부터 월성 내부를 발굴하고 있지만, 실생활과 연관 지을 수 있는 출토품의 수량은 그리 많지 않다. 이 점에서 동궁과 월지 출토품 가운데 궁중 생활과 관련된 것은 더욱 주목받을 수밖에 없다.

동궁과 월지에서는 금속으로 만들거나 나무로 만든 다음 옻칠을 한 일상생활 용기가 많이 출토되었는데, 통일신라시대의 단일 유적 가운데는 출토 수량이 가장 많다. 토기로는 왕경 내의 다른 유적에서 좀처럼 찾아볼 수 없는 대형의 매병모양 토기가 눈길을 끈다. 이러한 출토품은 궁중에서의 구체적인 생활 모습을 추정케 하는 동시에, 궁궐과 민가 간의 격차를 여실히 보여준다. 일상생활에서 사용하는 그릇에서도 이렇듯 궁중의 특별함이 잘 드러난다. 빗과 비녀, 반지도 궁궐 사람들이 몸을 단정히 하고 치장하던 모습을 떠올리게 하는 실생활 자료라는 점에서 중요하다.

284
주령구(복제품)
경주 동궁과 월지
통일신라 7~9세기
높이 4.8cm

주연酒宴에 사용한 놀이 기구로, 참나무를 다듬어 14면체로 만들었다. 월지 서북쪽의 호안석축 근처에서 출토되었는데, 보존처리 과정에서 소실되었다. 각 면에는 주령구를 굴린 사람이 취해야 할 행동이 새겨져 있다. 예를 들면 '술 한 잔 다 마시고 큰 소리로 웃기[음진대소飮盡大笑]', '술 석 잔을 한 번에 마시기[삼잔일거三盞一去]' 등 술과 관련된 것이 많다. 흥겨운 궁중 연회의 한 장면을 떠올리게 한다.

285
배
경주 동궁과 월지
통일신라
길이 620.0cm

소나무를 파내 만든 부재 3개를 이용해 만들었으며, 각각의 부재는 참나무로 만든 비녀장을 배 안쪽에 앞뒤로 하나씩 가로질러 조립했다. 통나무배에서 구조선構造船으로 넘어가는 반구조선半構造船의 형태로 현존하는 신라 배 가운데 가장 오래되었다.

286
대접
경주 동궁과 월지
통일신라
입지름 15.1cm(왼쪽 위)

경주 동궁과 월지에서는 실생활에서 사용한 대접과 접시, 순가락, 국자 등이 출토되었다. 통일신라시대에 금속으로 만들어진 일상생활 용기가 많지 않아서 동궁과 월지에서 출토된 각종 금속 용기는 중요한 의미를 갖는다.

287
합
경주 동궁과 월지
통일신라 7~9세기
높이 11.2cm

뚜껑에 보주 모양의 꼭지가 달려 있으며, 뚜껑 안쪽에는 '구仇'라는 글씨가 새겨져 있다.

288
접시
경주 동궁과 월지
통일신라
입지름 19.7cm(왼쪽 위)

289
숟가락
경주 동궁과 월지
통일신라
길이 26.7cm(위쪽)

290
국자
경주 동궁과 월지
통일신라
길이 23.0cm(왼쪽)

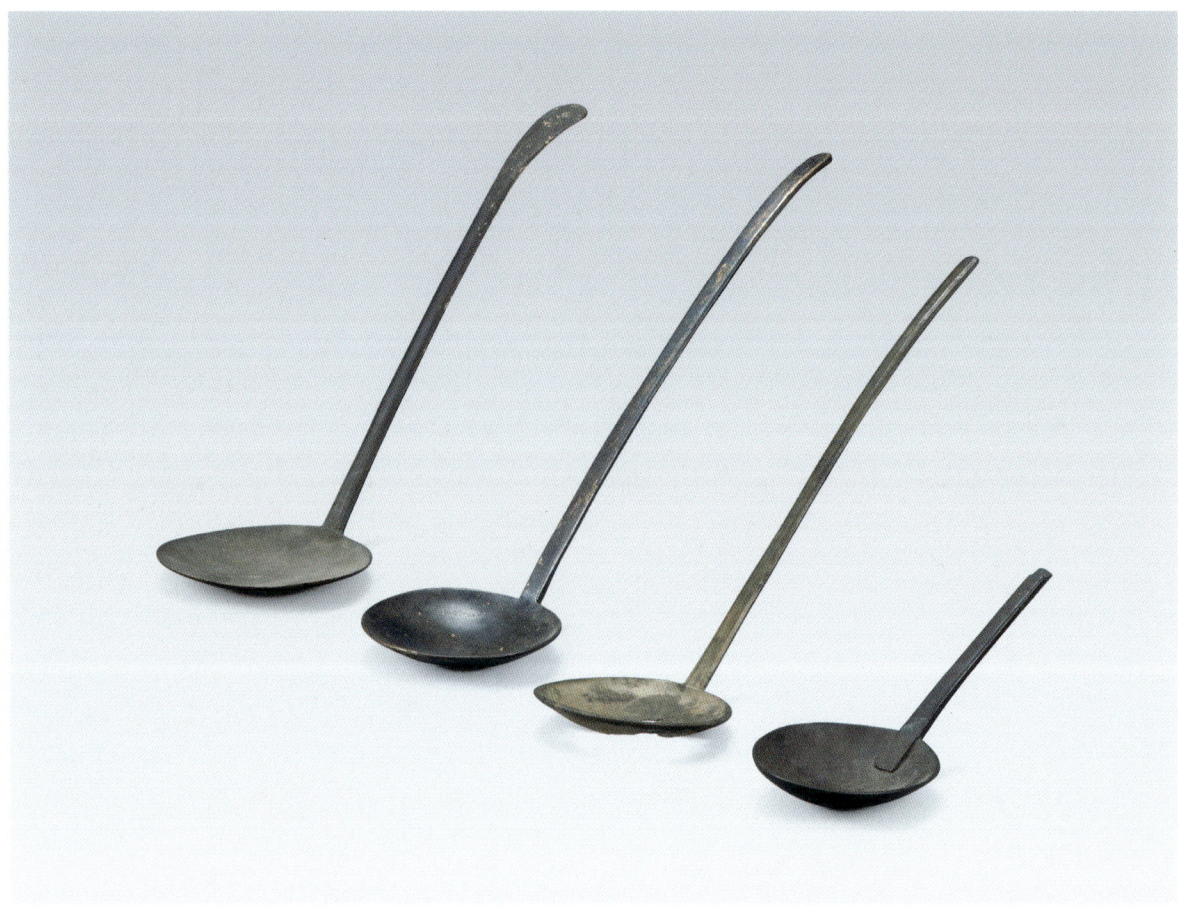

291
옻칠합
경주 동궁과 월지
통일신라 8~9세기
높이 4.7cm(왼쪽)

경주 동궁과 월지에서는 통일신라시대의 유적으로는 드물게 옻칠을 한 나무 그릇이 출토되었다. 얇은 목심 안팎에 삼베를 바르고 옻칠을 했으며, 대부분 잣나무로 만들었는데 간혹 피나무를 사용하기도 했다. 그릇 가운데 일부는 날카로운 도구를 이용하거나 주칠朱漆로 한두 글자를 쓴 경우도 있다.

292
옻칠사발
경주 동궁과 월지
통일신라 8~9세기
높이 6.1cm(왼쪽)

293
풍로
경주 동궁과 월지
통일신라 8세기
높이 19.5cm

아궁이와 연통煙筒을 갖춘 풍로風爐이다. 위쪽에는 두 개의 구멍을 내어 두 종류의 음식을 동시에 끓이거나 데울 수 있도록 만들었다. 화력이 소모되는 것을 막기 위해 아궁이 입구에 점토로 띠를 덧붙였다. 풍로 안쪽에는 불에 그을린 흔적이 남아 있다. 표면의 위쪽에는 새가 날개를 펴서 날아가는 모습을 왼쪽에서 오른쪽으로 돌아가면서 표현했으며, 그 아래에는 점줄무늬를 연속적으로 새겼다.

294
시루
경주 동궁과 월지
통일신라
높이 32.8cm

295
묵화무늬 대접
경주 동궁과 월지
통일신라
입지름 11.3cm

대접 표면에 구름무늬와 꽃무늬가 그려져 있으며, 먹으로 쓴 여러 글자가 있다. '언言', '정貞', '영榮'을 크게 썼고, 큰 글자 사이에 작은 글자로 '타唾'와 '오汚' 등이 쓰여 있다. 기존에는 '영榮'을 '다茶'로 판독해 이 대접이 차 그릇으로 사용되었으리라고 추정했다. 하지만 표면의 글자 가운데 '다茶'는 보이지 않는다는 점에서 이 대접이 차 그릇으로 사용되었는지는 분명치 않다.

296
얼굴무늬 발
경주 동궁과 월지
통일신라
높이 4.9cm

297
도장무늬 뚜껑
경주 동궁과 월지
통일신라
높이 5.5cm(왼쪽 아래)

298
도장무늬 병
경주 동궁과 월지
통일신라 8~9세기
높이 11.0cm(오른쪽)

299
도장무늬 병
경주 동궁과 월지
통일신라 8~9세기
높이 15.5cm

300
긴목 항아리
경주 동궁과 월지
통일신라
높이 36.3cm(오른쪽)

세부

301
매병모양 토기
경주 동궁과 월지
통일신라 9~10세기
높이 87.7cm(오른쪽)

목 부분에 거친 침선이나 물결무늬가 새겨져 있으며, 도장무늬가 사라지는 통일신라 말기의 양상을 보여준다. 크기로 미루어 음식물 등을 보관하거나 저장하기 위한 용기로 사용된 것으로 추정된다.

302
빗
경주 동궁과 월지
통일신라
길이 9.7cm

경주 동궁과 월지에서는 빗과 비녀채, 유리 구슬 등도 출토되었다. 능묘에서 발굴된 것과 달리 실생활에서 사용되었으며, 통일신라 궁중 생활의 일면을 보여주는 생활용품이라는 점에서 중요하다.

303
가르마 도구
경주 동궁과 월지
통일신라
길이 14.5cm(왼쪽)

304
비녀채
경주 동궁과 월지
통일신라
길이 9.0cm(오른쪽)

305
반지
경주 동궁과 월지
통일신라
지름 2.0cm(오른쪽)

306
비녀
경주 동궁과 월지
통일신라
길이 15.6cm

307
금장식
경주 동궁과 월지
통일신라 8~9세기
길이 4.5cm(못)

경주 동궁과 월지 출토품 가운데 유일한 순금 제품으로, 타원모양 금구 1개와 보상화모양 장식 4개, 못 1개로 이루어져 있다. 보상화무늬 장식 2개는 금사로 연결했고, 나머지 2개 가운데 1개에는 금못이 꽂혀 있다. 4개의 보상화무늬 장식 모두 금못을 꽂았던 것으로 보인다. 어떤 용도로 사용되었는지는 알지 못한다.

308
유리구슬
경주 동궁과 월지
통일신라 8~9세기
지름 0.7~4.7cm

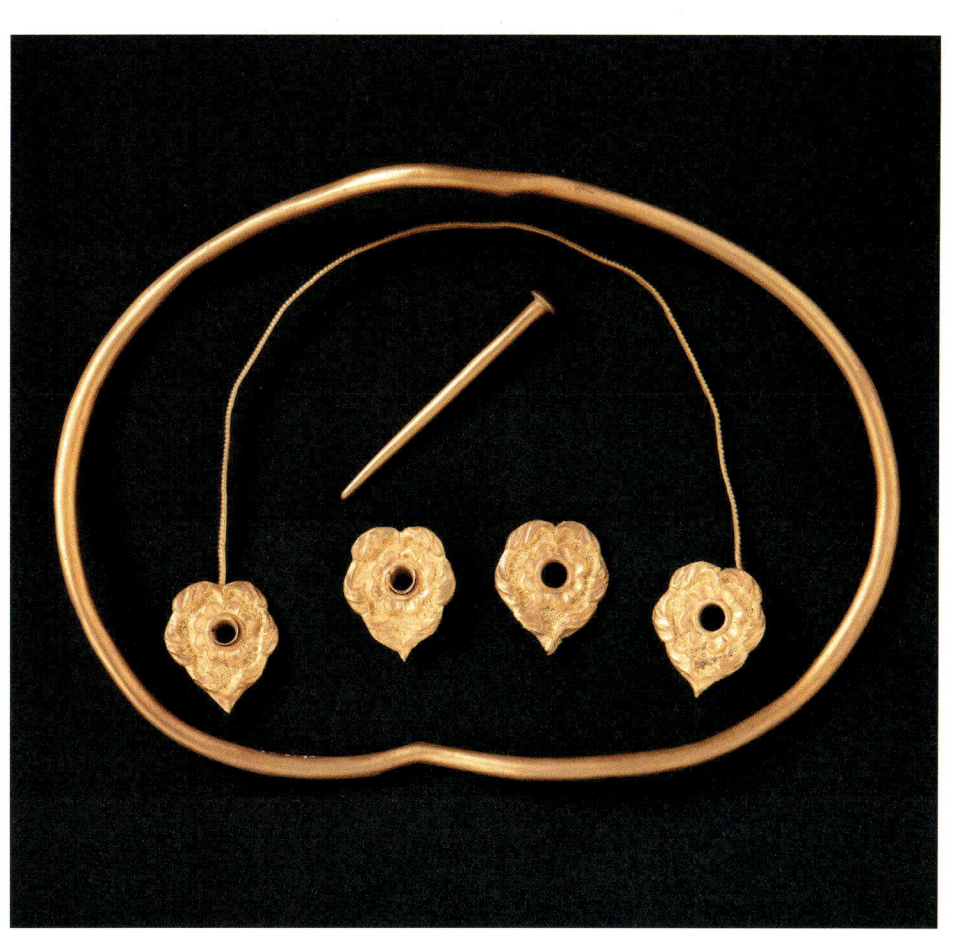

능묘

6세기 이후 신라의 능묘 양식은 돌무지나무덧널무덤에서 돌방무덤으로 변한다. 돌방무덤은 다듬은 돌로 네 벽을 쌓아 방처럼 만들고 그 위에 천장돌을 얹는 형식이다. 돌방의 한쪽 벽에는 통로를 만들고 무덤방과 통로 사이에는 문을 달았다. 이러한 돌방무덤은 출입문을 통하여 여러 번에 걸쳐 시신을 추가로 매장할 수 있다는 점이 특징이다.

통일신라의 왕릉도 기본적으로 6세기에 등장한 돌방무덤을 기본 구조로 한다. 통일 이전의 왕릉은 다른 지배층의 무덤과 함께 일정 구역에 만들어졌으나, 통일 이후에는 왕릉 하나하나가 독립된 묘역을 가지게 되었다.

왕릉은 일반 무덤과는 달리 주위에 석조물을 추가하여 위계차를 두었다. 처음에는 봉토 유실을 방지하기 위한 둘레돌[護石]과 난간석이 설치되었다. 시간이 지나며 탱석에는 각 방위를 수호하는 십이지상, 제사를 치르기 위한 상석上石, 주변으로 문·무석인상, 사자상, 석주 등을 추가하였다. 때로는 능비를 세우기도 하였다. 이와 같은 양상은 8세기부터 시작되었으며, 처음에는 전傳 성덕왕릉에서 볼 수 있는 것처럼 십이지를 독립상으로 배치하였는데, 이후에는 둘레돌 바깥에 부조로 표현하였다. 십이지는 시간과 방위의 신으로 당나라에서 유행한 문화이다.

502년 순장殉葬이 금지되면서 돌방무덤 속에 토용土俑을 넣기 시작하였다. 토용 가운데는 당나라의 복식을 채용한 신라인의 모습을 살펴볼 수 있는 사례가 있다. 남자 토용은 문관이나 병사, 시종으로, 여자 토용은 귀족 부인이나 시녀 등으로 구분할 수 있다.

흥덕왕릉

309
토용
경주 용강동
통일신라 8세기
높이 14.0cm(좌 앞)

왕이나 귀족 등이 죽었을 때 그 사람을 뒤따라 강제로 혹은 자발적으로 산 사람을 함께 묻은 순장은 삼국시대에 많이 이루어졌다. 신라의 왕과 귀족들이 묻혔던 돌무지나무덧널무덤에서는 순장의 사례가 다수 확인되었다. 그러나 지증왕 3년(502)에 순장을 금지하면서 사람을 대신하여 토용을 무덤에 넣기 시작하였다. 토용은 돌방무덤에서 주로 확인된다. 경주 용강동과 황성동 돌방무덤에서는 남녀 토용이 출토되었는데, 황성동 돌방무덤의 남성 토용은 당나라 복식을, 여성 토용은 신라 고유의 옷을 입고 있어 당시의 복식 문화를 엿볼 수 있다.

310
여성 토용
경주 황성동
신라 7세기
높이 16.5cm

311
남성 토용
경주 용강동
통일신라 8세기
높이 17.4cm

312
십이지상(원숭이)
경주 조양동 성덕왕릉
통일신라 8세기
높이 116.0cm

뒷면

313
십이지상
경주 화곡리
통일신라 9세기
높이 12.0~15.0cm

314
곱돌 십이지상
경주 망성리 전 민애왕릉
통일신라 8~9세기
높이 8.0~11.1cm

이 십이지상은 경주 망성리에 위치한 전 민애왕릉의 주변을 정비할 때 발견되었다. 대부분의 십이지상이 선 자세이지만 이 곱돌 십이지상은 평복 차림에 이른바 공수拱手한 좌상坐像이다. 전체적으로 단순하게 처리되었으나, 머리 부분만은 그 동물이 갖고 있는 특징을 잘 표현하였다.

쥐

양

닭

돼지

용　　말　　양　　개　　닭

315
십이지상
경주 하구리 절터
통일신라 9~10세기
높이 42.0~45.0cm

316
십이지상
경주·출토지 모름
통일신라
높이 106.0cm(좌)

317
사천왕상
경주
통일신라
높이 82.0cm

318
신장상을 새긴 문비석
경주 서악동 돌방무덤
통일신라
높이 150.0cm

경주 서악동 돌방무덤에서 출토된 돌문으로 앞뒷면에 신장상을 돋을새김을 하였다. 머리 뒤로는 둥근 광배가 있고, 상체는 벗었으며 하체에는 군의를 입었다. 보관 위로는 머리띠 장식 끈이 위로 날리고, 팔에는 치마를 걸쳤다. 다리는 좌우 대칭으로 벌리고 연꽃 대좌 위에 서 있는데 발목과 손목에는 각각 발찌와 팔찌가 있다. 손에는 긴 금강저金剛杵를 들었다. 부리부리한 눈에 매부리코, 긴 턱수염 등은 신장상의 위용을 잘 보여 준다.

319
돌사자
경주 교동
통일신라
높이 65.0cm

320
돌사자
출토지 모름
통일신라
높이 98.0cm

화장의 성행

신라는 불교의 영향으로 시신을 불에 살라 장사 지내는 화장이 성행하였다. 현재 남아 있는 기록상 최초의 화장에 대한 기록은 7세기 중반에 자장율사의 유골을 다비해 굴 속에 안장했다는 데서 찾을 수 있으며, 문무왕도 화장하라고 유언하면서 화장이 더욱 성행하였다. 화장묘를 많이 쓰게 되면서 뼈를 담는 뼈항아리[骨壺]도 다양하게 만들어졌다. 초기의 뼈항아리는 일상생활에 썼던 토기를 그대로 이용하거나 토기에 약간의 장식을 가미한 정도였다. 그러다가 점차 토기의 크기가 커지면서 뚜껑과 몸체를 아래위로 붙들어 매는 고리가 생겨나고 화려한 무늬를 새기다가, 후기로 가면 무늬 없는 뼈항아리가 주류를 이루게 된다. 뼈항아리는 항아리 모양 외에도 탑 모양, 집 모양 등 다양한 모양으로 만들어졌다. 그리고 중국의 삼채三彩와 청자靑磁항아리를 이용한 뼈항아리도 있는데, 화강석으로 된 돌상자에 담겨 땅에 묻혔다. 한 줌의 재로 돌아가는 순간에도 이렇듯 신분의 차이는 엄연히 존재했다. 유골을 담는 뼈항아리는 단일형과 이중형으로 구분된다. 단일형 뼈항아리는 일상생활용 토기가 많이 사용되며 지방에서 주로 확인된다. 이중형 뼈항아리는 뼈를 담은 장골기藏骨器와 이를 보호하는 석관, 석함, 석혈, 토기로 구성된다. 주로 왕경 주변에서 발견되는데, 화려한 도장무늬 토기나 연유 도기를 사용하기도 했다.

321
'元和十年'을 새긴 뼈항아리
경주 망성리 전 민애왕릉
통일신라 815년
높이 19.3cm

세부

전 민애왕릉에서 발견되었다. 뚜껑에 '원화 10년(元和十年)'이라고 새겼으며, 뚜껑과 항아리의 연결부에는 '정井'을 새겼다. 원화元和는 중국 당나라 헌종憲宗(재위 805~820년)의 연호로 원화 10년은 815년에 해당한다. 이 뼈항아리는 무덤을 만든 후 묻은 것임을 고려하면 이 무덤에 839년에 숙은 민애왕이 묻혔다고 보기는 힘들다.

322
녹유 뼈항아리
경주 남산
통일신라 8세기경
높이 39.0cm(왼쪽)

이 뼈항아리는 바깥항아리와 뼈를 넣은 소형 안항아리로 이루어져 있다. 모두 안팎으로 녹유綠釉를 입혔고, 꽃 모양과 나뭇잎 모양의 도장무늬를 전면에 가득 메웠다. 바깥항아리의 어깨에는 같은 간격으로 짐승 얼굴 모양을 한 네 개의 꼭지가 달려 있다. 이는 잡귀를 막기 위한 벽사적인 의미가 담긴 것으로 보인다. 안항아리에도 초록빛 유약이 곱게 입혀져 있다. 어느 신라 귀족의 장례에 쓰였던 뼈항아리로 생각된다.

323
집모양 뼈그릇
경주 북군동
통일신라 8세기
높이 43.4cm

죽은 이의 영혼이 기와집에서 영원히 편히 쉬기를 바랐던 것일까? 이 집 모양 뼈그릇은 암·수키와를 가지런히 이은 팔작지붕의 당당한 기와집을 형상화했다. 바깥 벽체에는 도장을 찍어 육각형·꽃 모양 등 갖가지 무늬를 새겼으며, 나무 한 그루를 가는 침선으로 표현하여 이 집에 딸린 정원을 표현하고자 한 것으로 보인다. 문짝과 안에 들어 있었을 작은 항아리는 확인되지 않았다. 이 뼈그릇은 통일신라시대 기와집의 형태를 짐작케 하는 귀중한 자료이다.

324
뼈항아리와 뚜껑
경주 석장동
통일신라
높이 23.5cm

325
뼈항아리
경주 나원리
통일신라
높이 13.8cm

326
뼈항아리
경주 일원
통일신라 8~10세기
높이 27.0cm(오른쪽 뒤)

262

다양한 문화, 교류와 공존

신라는 고구려, 백제, 가야를 비롯하여 바다 건너 중국의 여러 왕조와 일본, 나아가 서아시아 국가와도 교류하였다. 신라는 4세기 후반 고구려의 도움으로 전진前秦(351~394년)에 사신을 처음으로 보냈으며, 백제·가야·왜를 물리치는 데 고구려의 도움을 받는 등 5세기 중반까지는 고구려와 친밀한 관계였다. 따라서 이 시기의 외래품은 고구려의 물품이거나 고구려를 거쳐 들어온 것이 많다.

6세기 이후 신라는 비약적으로 성장한 국력을 바탕으로 중국 및 서아시아의 여러 나라와 직접 교류하였다. 특히 당나라와 긴밀한 관계를 유지하여 당나라 제도를 습득하고 유교·불교 경전을 수입하며 유학생을 보내는 등 외교적인 실리를 추구하였다. 신라는 당에 견당사와 숙위학생宿衛學生, 구법승을 파견하고 신라방新羅坊을 설치하였다. 자장과 의상을 비롯한 승려, 최치원과 같은 학자가 당나라에 유학한 인물로 유명하다.

『삼국사기』에는 당나라와 관련한 기사가 170회 넘게 실려 있을 정도로 신라는 당나라와 우호적인 관계를 유지하였다.

신라는 중국 왕조뿐 아니라, 서아시아 여러 나라와도 교류하였다. 경주의 돌무지나무덧널무덤에서 확인된 유리그릇과 계림로 14호 무덤에서 출토된 황금보검, 원성왕릉과 흥덕왕릉에 세워진 무인상은 이러한 사실을 뒷받침한다.

신라와 왜의 교류는 월성로 무덤에서 확인된 하지키계 토기[土師器]와 돌팔찌 등으로 볼 때 매우 활발했음을 알 수 있다. 또한 일본 도다이지[東大寺] 쇼소인[正倉院]에 남아 있는 많은 신라 문물은 통일신라가 나라시대(710~794년)의 일본과 교류했음을 보여 주는 중요한 자료이다.

• **고구려와의 교류**

황남대총에서 출토된 금동신발과 '+'모양 손잡이가 달린 은합, 월성로 무덤에서 출토된 편평한 바닥의 황록색 연유단지는 고구려에서 유행한 물품으로 신라와 고구려의 밀접한 관계를 보여준다. 황남대총 북분에서 출토된 금동신발은 바닥에 크고 작은 사각못이 박혀 있는 점이 특징이다. 이러한 금동신발은 중국 지안[集安] 등에서 출토되는 고구려의 금동신발과 유사하다. 이에 비해 금관총에서 출토된 금동신발은 바닥에 사각못이 없고, '凸'자형의 맞새김 장식이 있으며, 연꽃으로 신발 바닥을 장식하는 등 고구려 계통의 금동신발과는 다른 양상을 보인다. 이와 함께 황남대총 남분에서는 장기처럼 생긴 놀이판에서 이름을 따온 박국경博局鏡이 출토되었다. 이 박국경은 무늬가 도톰하게 표현된 점, 고리의 구멍이 네모난 점, 가장자리에 돌선이 들어가는 점 등으로 보아 3세기 이후 북방 평원에서 제작된 것으로 추정된다. 당시의 국제 정세를 고려할 때, 북방에서 해로를 통해 직접 들어온 것이라기보다는 고구려를 통해 신라로 들어온 것으로 보인다.

327
금동신발
경주 황남대총 북분
신라 5세기
길이 27.5cm

328
금동신발
경주 금관총
신라 5세기
길이 30.5cm(위)

329
은합
경주 황남대총 남분
신라 5세기
높이 16.8cm

330
연유단지
경주 월성로 가-5호 무덤
신라 5~6세기
높이 11.0cm

331
청동거울
경주 황남대총 남분
신라 5세기
지름 15.5cm

• 중국과의 교류

초기 신라는 고구려와 백제를 통해 중국 남북조의 왕조들과 교류하였다. 황남대총에서 출토된 박국경과 흑갈유반구병黑褐釉盤口甁 등이 그러한 예이다. 6세기 이후 신라는 한강 유역을 차지하면서 독자적인 대중국 외교를 시작하였다. 충주 누암리 고분에서 수나라 허리띠 장식이 출토되었고, 경주 용강동 무덤에서는 시유도기施釉陶器 등의 중국계 유물이 확인된다. 나당 전쟁을 거치면서 신라와 당나라의 관계가 소원해졌지만 성덕왕 대에 다시 관계를 회복하여 활발히 교류하였다. 동궁과 월지에서 확인된 다량의 중국 자기와 조양동에서 발견된 삼채 뼈단지는 이 시기 활발했던 대중국 교류의 양상을 잘 보여준다.

332
삼채 뼈단지
경주 조양동
통일신라 8세기
높이 16.5cm

1972년에 경주시 조양동 성덕왕릉 남쪽 200m 지점의 야산 기슭에서 석함石函 속에 들어 있는 상태로 발견되었다. 삼채는 중국 당나라에서 제작된 저화도 연유 도자기로서 표면에 녹색, 황색, 백색 또는 녹색, 황색, 남색의 세 가지 빛깔을 입히는 것이 일반적이다. 청동 접시를 뚜껑으로 사용하였으며, 아래쪽에는 짐승 발 모양의 다리가 3개가 있었으나 1개는 떨어져 나갔다.

경주 동궁과 월지에서 출토된 중국계 자기 해무리굽

333
청자 완
경주 동궁과 월지
당 9세기
입지름 16.2cm

• 왜와의 교류

신라와 왜의 교류는 경주 월성로 무덤에서 출토된 하지키계 토기와 돌팔찌 등의 자료로 확인할 수 있다. 활석으로 만든 팔찌는 일본에서 다량으로 출토되는데, 실생활에서 신체를 장식했던 장신구의 하나이다. 또한 붉은색의 토기는 일본의 하지키와 유사하다. 이 외에도 황남대총에서 출토된 금동 말띠꾸미개는 일본산 조개로 장식하고 있어 신라와 왜의 교류 양상을 확인할 수 있다.

삼국통일 후에도 통일신라는 왜와 꾸준히 교류하였다. 특히 동궁과 월지에서 출토된 초심지가위는 일본 도다이지 쇼소인에도 동일한 형태의 가위가 확인되며, 꽃·새무늬 사슴 뼈장식의 새 문양도 쇼소인의 바둑돌에서 나타난다.

334
돌팔찌
경주 월성로 가-29호 무덤
신라 4세기
지름 8.3cm

335
말띠꾸미개
경주 황남대총 남분
신라 5세기
높이 4.5cm

336
하지키계 토기
경주 월성로 가-31호 무덤
신라 4세기
높이 12.6cm(오른쪽)

337
초심지가위
경주 동궁과 월지
통일신라 8세기
길이 25.5cm
보물

월지 서편의 제3건물 터에서 동쪽으로 110cm 가량 떨어진 펄 층에서 출토되었다. 초의 심지를 자르는 데 사용한 금동가위로 잘린 심지가 떨어지는 것을 막기 위해 날 바깥에 반원형의 테두리를 두었다. 손잡이는 덩굴무늬와 유사한 형태로 제작했으며, 앞면에 방울무늬[魚子文]와 당초무늬를 화려하게 장식했다. 이 금동가위는 금동촛대와 함께 사용했을 것으로 추정되며, 비슷한 형태의 가위가 일본 도다이지 쇼소인에도 소장되어 있어, 양국 간의 문화 교류가 활발했음을 짐작할 수 있다.

쇼소인 가위(참고)

338
꽃·새무늬 사슴뼈 장식
경주 동궁과 월지
통일신라 8~9세기
길이 21.8cm(오른쪽)

사슴 뼈의 한쪽을 잘 다듬어 일정한 간격으로 작은 구멍을 뚫고 구멍과 구멍 사이에 새와 꽃을 번갈아 새겼다. 이와 같은 새무늬는 그동안 페르시아를 비롯한 서아시아에서 전래된 것으로 알려져 왔으나, 한나라 이후에 만들어진 중국 전통 도상에서도 확인된다. 나아가 일본 도다이지 쇼소인에 있는 바둑돌에서도 비슷한 새무늬를 볼 수 있어 양국 간의 문화 교류를 가늠케 한다. 나무로 만든 가구의 모서리나 가장자리를 장식한 것으로 여겨진다.

쇼소인 바둑돌(참고)

서쪽에서 동쪽으로

신라는 주변의 중국이나 일본 외에도 멀리 시베리아, 서아시아와도 밀접한 관계를 맺었다. 돌무지나무덧널무덤에서 출토되는 금관과 허리띠 꾸미개는 고구려, 백제, 중국에서는 거의 출토되지 않으며 오히려 황금을 숭상하는 알타이 지역과 관련이 있는 것으로 보인다. 유리그릇, 황금보검, 뿔모양 잔, 상감유리 목걸이 등은 지중해 주변이나 서아시아 지역에서 출토되는 것과 형태나 제작 기법이 비슷하다. 이러한 문물은 비단길이나 바닷길을 거쳐 신라에 전해진 것으로 보인다. 경주 계림로 14호 무덤에서 출토된 황금보검은 카자흐스탄의 보로보예 유적의 보검과 매우 비슷한 점으로 미루어 보아, 흑해 연안에서 중앙아시아에 걸친 지역에서 만들어져 신라에 들어온 것으로 여겨진다. 또한 통일신라의 능묘를 지키는 무인상은 이국적인 용모가 잘 드러나는데 신라에서 관직을 지냈던 서아시아인을 모델로 해서 만든 것으로 보기도 한다. 이러한 외래 문물의 존재로 미루어 볼 때 신라는 한반도 동남쪽에 위치한 작은 나라가 아니라 멀리 서아시아 지역까지 알려진 국제적인 국가였음을 알 수 있다.

339
유리잔
경주 황남대총 북분
신라 5세기
높이 7.6cm

340
유리잔
경주 금관총
신라 5세기
높이 9.2cm

신라에서는 외래계 물품 가운데 유리그릇을 매우 귀하게 여겼다. 황남대총과 서봉총, 금관총, 금령총, 천마총 등 금관이 출토된 능묘에 유리그릇을 껴묻은 점도 이를 뒷받침한다. 신라에 들어온 유리그릇은 당시 최고 수준의 기술로 만들었으며, 동부 지중해 연안의 시리아 일대나 사산조 페르시아 등지에서 만든 것으로 추정된다. 지금까지 유리그릇은 25여 점 출토되었는데, 황남대총에서는 남분 7점, 북분 4점 등 11점이 출토되었다.

341
유리바리
경주 황남대총 남분
신라 5세기
높이 6.7cm

342
유리잔
경주 황남대총 북분
신라 5세기
높이 7.3cm

343
유리잔
경주 천마총
신라 6세기
높이 7.4cm
보물

344
유리드리개
경주 계림로 14호 무덤
신라 6세기
길이 4.9cm

345
말띠꾸미개
경주 계림로 14호 무덤
신라 6세기
길이 2.4cm(오른쪽)

346
상감유리 목걸이
경주 미추왕릉 C지구 4호 무덤
신라 5~6세기
길이 24.0cm
보물

경주 황남동의 미추왕릉지구에서 출토된 상감유리구슬은 지름이 1.8cm에 불과하다. 하지만 그 속에 순백색의 얼굴에 크고 푸른 눈동자, 깊고 높은 콧날, 옅은 미소를 머금은 듯한 붉은 입술 등 이국적인 모습의 남녀 얼굴과 무리를 지어 날아가는 듯한 여러 마리의 새가 상감 기법으로 새겨져 있다. 그 사이에는 아름다운 꽃이 달린 가느다란 가지 상식으로 더해져 화려함과 정교함의 극치를 보여준다. 이런 상감유리 구슬은 지중해 연안에서 제작되기 시작했는데, 서아시아, 동남아시아, 중국, 한반도, 일본 등 광범위한 지역에 전해졌다.

세부

347
황금보검
경주 계림로 14호 무덤
신라 6세기 이전
길이 36.0cm
보물

경주 계림로 14호 무덤에서 출토되었다. 이 무덤에는 2명의 남성이 묻혀 있었으며, 그 가운데 1명이 황금보검을 차고 있었다. 나무로 만든 칼집의 요소요소에 금판을 씌워 장식하였다. 금판의 표면에는 물결·나뭇잎·원·타원·태극무늬 등 다양한 무늬를 세금細金 기법으로 표현했다. 이러한 무늬 곳곳에는 붉은 석류석石榴石과 유리를 박아 넣어 화려함을 더했다. 칼집 속에는 철제 단검이 들어 있다.

카자흐스탄 보로보예 출토품과 흡사해 중앙아시아 일원에서 제작되어 신라로 들어온 것으로 추정된다. 제작지를 근거로 하여 황금보검을 차고 있던 사람을 중앙아시아에서 왔다고 추정하기도 하지만, 무덤의 구조나 다른 출토품이 신라 양식이기 때문에 중앙아시아 사람으로 보기 어려운 면이 있다. 황금보검은 흑해 연안에서 중앙아시아에 걸친 지역에서 만들어졌을 가능성이 크며, 유리그릇과 함께 신라의 역동적인 대외 교류의 한 단면을 보여 주는 유물이다.

349
금동뿔잔
경주 금관총
신라 5세기
길이 23.7cm

348
뿔잔과 뿔잔 받침
경주 미추왕릉 C지구
7호 무덤
신라 5~6세기
높이 17.0cm

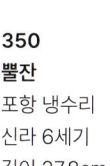

350
뿔잔
포항 냉수리
신라 6세기
길이 27.8cm

351
무인상 모서리기둥
경주 구정동 방형무덤
통일신라 9~10세기
높이 73.6cm

352
사자·공작무늬 돌
경주
통일신라 8세기
길이 300.0cm

275

VI.

신라의 쇠퇴와
새로운 나라 고려로

353
경순왕 초상화
대한제국 1904년
비단에 채색
152.5×87.5cm
숭혜전

통일 이후 안정된 왕권과 정치제도의 발달로 유지되던 신라 사회는 귀족 세력의 부패와 권력 쟁탈로 혼란에 휩싸인다. 혜공왕惠恭王(재위 765~780년) 대에는 고위 관직에 있던 귀족들이 수차례 반란을 일으켰고, 왕은 난리 중에 살해되어 선덕왕宣德王(재위 780~785년)이 즉위한다. 이후 150여 년 동안 재위하였던 왕은 20명에 이르고, 유력 귀족 간에는 정쟁政爭이 끊이지 않았다. 이로 인해 왕릉은 과거와 달리 장식이 없어지고 규모도 작아져 매우 초라해졌다. 지방에서는 정부의 통제가 느슨해진 틈을 타 호족豪族들이 세력을 키워 나갔다. 호족들의 후원을 받는 불교 사원들이 세워졌고, 고승들의 화려한 승탑이 유행하였다.

정쟁을 거쳐 왕위에 오른 이들은 정치 개혁을 시도하였으나, 귀족의 반발로 지지부진하였다. 이에 더하여 조세가 잘 걷히지 않으면서 나라는 재정 위기에 빠지고, 농민 반란도 각지에서 일어났다. 신라가 민란을 수습하지 못하는 동안 궁예弓裔(?~918년)와 견훤甄萱(867~936년)이 후고구려와 후백제를 세우면서 사회 혼란은 극에 달하였다. 신라 왕실은 귀족들은 물론, 백성들도 통제할 수 없게 되었고 국력은 급속하게 쇠퇴하였다. 결국 경순왕敬順王(재위 927~935년)이 고려 태조 왕건王建(재위 918~943년)에게 항복하면서 약 천 년에 걸쳐 번성하였던 신라는 멸망하였다.

신라를 대신해 등장한 고려는 신라에 비해 정치·경제·사회적으로 한층 개방된 사회였다. 고려 역시 여전히 신분제를 유지하였으나, 진골 귀족 중심이었던 신라에 비해 한층 능력 중심의 사회를 지향하였다. 광종 대에 실시한 과거제도는 이러한 고려 사회의 단면을 잘 보여 준다. 또한 불교 외에도 유교, 도교, 전통 신앙 등을 포용하면서 다양한 종교와 사상이 병존할 수 있었다. 이는 신라의 정치·사회적인 모순을 뒤엎으며 등장한 고려가 당면한 시대적인 과제였으며, 고려는 이를 해결하면서 새로운 왕조의 기틀을 다질 수 있었다.

354
사면편병과 주름무늬병
완도 청해진
통일신라
높이 32.7cm(왼쪽)

장보고張保皐(?~846)는 지방 출신으로 성장한 인물이다. 9세기 초 당나라에 건너가 생활하다가 서주徐州 무령군武寧軍 소장이 되었는데, 무예가 뛰어났다. 흥덕왕 3년(828) 귀국한 후, 정부에 요청하여 해상 교통의 요지인 완도에 병력 1만 명으로 청해진淸海鎭을 건설하고 대사에 올랐다. 청해진을 기점으로 무역로를 보호하고 해적을 근절하였으며, 해상권을 장악하여 국제무역을 주도하면서 점차 세력을 키웠다. 왕경에서 벌어진 왕위계승 분쟁에도 개입하면서 신무왕神武王(재위 839년) 즉위에 힘을 보탰다. 이후 문성왕에게 딸을 시집 보내기로 약조하였으나 신하들의 반대로 무산되면서 갈등이 벌어졌다. 846년 장보고가 반란을 일으켰으나, 실패로 끝나 청해진은 없어지고 주민은 벽골군(김제)으로 이주되었다.

355
최치원 초상화
조선 1793년
비단에 채색
140.0×100.0cm
경주 최씨 문중

최치원崔致遠(857~?)은 통일신라 말에 활약한 문인·관료·유학자이다. 6두품 출신으로서 당나라에 유학하여 빈공과에 합격하였다. 율수현溧水縣 현위, 종사관 등을 역임하면서 문장가로서 명성을 떨쳤으며, 황소의 난 때 지은 「토황소격문討黃巢檄文」이 특히 유명하다. 신라로 귀국해서는 대선사를 기리는 문장과 외교 문서 등을 작성하였다. 최치원은 당나라 유학에서 배운 지식을 바탕으로 뜻을 펼치고자 하였으나, 사람들의 시기로 인하여 점차 입지가 좁아졌다. 그리하여 태인, 서산, 함양 등지의 지방관에도 나가게 되었다. 894년 쇠락해가는 신라의 개혁을 위하여 개혁안 10여 조를 지어 진성여왕眞聖女王(재위 887~897년)에게 올렸으나, 실현되지 않았다. 최치원은 세속을 떠나 은둔하였고, 전국을 떠돌아 다녔지만 마지막 행적은 알 수 없다.

고려시대 경주의 사찰

신라 말 국가 통치력이 약해지고, 지방 세력이 등장하여 새로운 정권이 수립되면서 후삼국시대가 열린다. 후고구려와 후백제의 치열한 다툼 속에 신라는 멸망하고 고려가 건국되었다. 국가의 주요한 관료 조직과 정보, 기술 등은 신라의 왕도인 경주에서 고려의 왕도인 개경으로 이동하였고, 경주는 고려의 지역 도시로 남게 된다. 그러나 경주에 남은 호족 세력과 백성들은 변화된 환경 속에서도 경주를 지키며 역사와 문화를 계승 발전해 나갔다.

통일신라 말기의 불교 문화는 고려로 이어졌는데, 신라에서 가장 큰 사찰인 황룡사는 고려시대에도 정신적인 중심지로 주목받았다. 특히 몽골의 침입으로 불타 소실될 때까지 고려 왕실과 귀족의 지원을 받아 여러 차례 보수 공사를 하며 지켜졌다.

경주 천룡사의 재건, 불국사 석가탑의 재건 등에 관한 기록과 굴불사(굴석사) 터와 감은사 터에서 발견된 고려시대 청동반자의 명문 등에서도 고려시대 경주 지역 사찰의 모습을 살펴볼 수 있다. 특히 굴불사 터, 감은사 터, 망덕사 터 등에서는 고려시대 기와와 그릇 등 다양한 유물과 각종 불교 공양구가 발견되어 절의 위세를 짐작할 수 있다. 기록에는 등장하지 않으나 갑산사, 사제사 등 절 이름이 새겨진 기와의 발견으로 경주에 여러 사찰이 있었으며 명맥을 이어왔음을 알 수 있다.

356
사리장엄구(사리병·사리합·반지·구슬)
함양 승안사 삼층석탑
고려 10세기
지름 8.5cm(사리합)

함양 승안사 터에 있던 삼층석탑을 인근으로 옮기다 탑 1층 몸돌 사리공에서 사리장엄구를 발견했다. 원통 모양의 청동 사리합과 비단 조각, 주머니 등이 나왔는데, 사리합 안에서 사리 한 점이 확인된 녹색 유리 사리병과 유리구슬 한 줄, 은과 백동으로 만든 반지 일곱 점 등이 있었다. 사리공 안에 있던 주머니에는 1494년(조선 성종 25년)에 탑을 고쳐 지었다는 내용이 적힌 먹으로 쓴 종이가 들어 있었다.

- **청동반자**

반자 측면에 1183년 전前 호장戶長 이백유李伯兪가 발원하여 제작했다는 명문이 남아 있다. 측면 위쪽에 반자를 매달았던 두 개의 고리가 있고, 반자를 쳐서 소리를 내는 당좌撞座에는 연꽃의 씨방 모양과 연꽃 씨를 표현하였다. 연꽃 씨방 주변에는 연꽃을 표현하고 그 바깥에 구름무늬와 넝쿨무늬를 배치하였다.

명문 내용

대정 23년 계묘(1183년) 4월 일. 동경 북산 굴석사에 배설하는데 무게는 7근이 들어갔다. 담당하여 만든 사람은 전 호장 이백유, 동량 도인은 □□, 대장은 의성이다.

357
망덕사 불교공양구
경주 망덕사 터
고려
높이 33.0cm(정병)

大定二十三年癸卯四月日 東京北山屈石寺排入重七斤 次知造前戶長李伯兪 棟梁道人口口口大匠義成

358
청동반자
경주 굴불사 터
고려 1183년
길이 33.6cm

도판목록

— 신라역사관   — 신라미술관   — 월지관   — 옥외전시

001
주먹찌르개
안동 마애리
구석기시대
길이 23.6cm

002
양면찍개
안동 마애리
구석기시대
길이 13.9cm(왼쪽)

003
망치돌
안동 마애리
구석기시대
길이 14.4cm(왼쪽)

004
돌날과 몸돌
울산 신화리·포항 산서리
구석기시대
길이 6.7cm(오른쪽)
국립경주박물관, 울산박물관

005
접합석기
울산 신화리
구석기시대
길이 각 8.4~10.8cm(왼쪽 아래)
울산박물관

006
돌작살
울진 죽변리
신석기시대
길이 9.9cm(오른쪽)

007
낚싯바늘
울진 죽변리
신석기시대
길이 13.0cm(왼쪽 위)

008
돌뒤지개
울진 죽변리
신석기시대
길이 20.3cm(오른쪽)

009
여러 종류의 석기
경주 봉길리·울진 죽변리
신석기시대
길이 11.5cm(오른쪽)

010
노
울진 죽변리
신석기시대
길이 170.0cm

011
배편
울진 죽변리
신석기시대
길이 64.0cm

012
토기
경주 봉길리·김천 송죽리·울진 죽변리
신석기시대
높이 42.6cm(오른쪽 뒤)

013
빗살무늬토기
김천 송죽리
신석기시대
높이 35.0cm

014
꾸미개
울진 후포리
신석기시대
길이 11.4cm(오른쪽)

015
돌도끼
울진 후포리
신석기시대
길이 54.2cm(왼쪽)

016
돌도끼
경주 갑산리·경주 조양동·청도 진라리
청동기시대
길이 13.2cm(왼쪽)

017
돌자귀
경주 석장동·영덕 신평리·청도 진라리
청동기시대
길이 22.3cm(왼쪽)

018
돌낫
경주 충효동·경주 용장리·울산 상안동
청동기시대
길이 26.3cm(위쪽)

019
돌끌
경주 갑산리·경주 석장동
청동기시대
길이 7.7cm(위쪽)

020
여러 종류의 석기
경상도 일원
청동기시대
길이 13.8cm(오른쪽 아래)

021
반달돌칼
경상북도 일원
청동기시대
길이 11.6cm(가운데)

022
붉은간토기
경주 월산리·경주 충효동·청도
청동기시대
높이 13.9cm(가운데)

023
토기
경상북도 일원
청동기시대
높이 58.2cm(왼쪽 뒤)

024
간돌검
청도 각남면
청동기시대
길이 41.0cm

025
비파형동검
청도 예전리
청동기시대
길이 34.8cm

026
달모양 도끼
경주 도지동·경주 동천동·경주 황성동·울산 가재골·포항 초곡리
청동기시대
지름 10.7cm(오른쪽 위)
국립경주박물관, 울산박물관

027
간돌검
경상북도 일원
청동기시대
길이 20.0cm(왼쪽)

028
돌화살촉
경상북도 일원
청동기시대
길이 11.6cm(왼쪽 아래)

029
세형동검
경상북도 일원·평양
초기 철기~원삼국시대
길이 31.5cm(오른쪽)

030
여러 종류의 청동기
경상북도 일원·평양
초기 철기~원삼국시대
길이 51.3cm(왼쪽 아래)

031
경주 죽동리 청동기
경주 죽동리
기원전 1세기
길이 23.0cm(세형동검)
보물
국은 기증품

032
청동거울
경주 조양동
기원전 1세기
지름 8.0cm(오른쪽)

033
청동꺾창집·쇠꺾창
영천 용전리
기원전 1세기
길이 32.0cm

034
청동화살발사기
영천 용전리
기원전 1세기
길이 8.3cm

035
여러 종류의 철기
영천 용전리
기원전 1세기
길이 48.0cm(위쪽)

036
사라리 130호 무덤 출토품
경주 사라리
1세기
길이 46.5cm(철검)

037
세형동검과 검집 부속구
경주 사라리 130호 무덤
1세기
복원길이 56.8cm(동검)

038
와질토기
경주 일원
1~4세기
높이 21.8cm(오른쪽 앞)

039
새모양 토기
경주 일원
삼국시대
높이 43.6cm(왼쪽 뒤)

040
거푸집
경주 황성동
신라 3~4세기
길이 22.3cm(오른쪽)

041
송풍관
경주 황성동
신라 3~4세기
길이 42.5cm

042
목 가리개와 허리 가리개
경주 구어리 1호 무덤
신라 3세기
높이 22.0cm(목 가리개)

043
구어리 1호 무덤 출토품
경주 구어리 1호 무덤
신라 3세기
높이 36.4cm(원통모양 그릇받침)

044
말머리 가리개
경주 사라리
신라 5세기
길이 48.0cm

045
판갑옷
경주 구정동 3호 무덤
신라 4세기
높이 71.0cm
(목가리개 포함)

046
판갑옷
경주 동산리 34호 무덤
신라 4세기
높이 52.0cm
(목가리개 포함)

047
판갑옷
포항 마산리 돌무지나무덧널무덤
신라 4세기
높이 69.1cm
(목가리개 포함)

048
판갑옷
경주 사라리 55호 무덤
신라 5세기
높이 60.5cm(투구 제외)

049
목걸이
경주 일원
신라 3세기
길이 46.5cm(왼쪽)

050
금바리
경주 월성로 가-13호 무덤
신라 4~5세기
높이 5.2cm(왼쪽)

051
금드리개
경주 월성로 가-13호 무덤
신라 4~5세기
길이 26.4cm(오른쪽)

052
금꾸미개
경주 월성로 가-13호 무덤
신라 4~5세기
길이 65.3cm(오른쪽)

053
금관
경주 교동
신라 5세기
높이 12.8cm

054
금관
경주 황남대총 북분
신라 5세기
높이 27.3cm
국보

055
금관
경주 서봉총
신라 5세기
높이 30.7cm
보물

056
금관
경주 금관총
신라 5세기
높이 27.5cm
국보

057
금관
경주 금령총
신라 6세기
높이 27.0cm
보물

058
금관
경주 천마총
신라 6세기
높이 32.5cm
국보

059
금 관모
경주 금관총
신라 5세기
높이 19.0cm
국보

060
금 관꾸미개
경주 금관총
신라 5세기
높이 40.8cm
국보

061
금귀걸이
경주 금관총
신라 5세기
길이 8.7cm

062
금귀걸이
경주 금관총
신라 5세기
길이 10.0cm

063
금·은꾸미개
경주 금관총
신라 5세기
길이 14.8cm
(오른쪽 위)

064
금허리띠
경주 금관총
신라 5세기
길이 109.0cm
국보

065
'尒斯智王'을 새긴 고리자루 큰칼
경주 금관총
신라 5세기
길이 87.0cm

066
은 관모
경주 황남대총 남분
신라 5세기
높이 15.4cm

067
금 관꾸미개
경주 황남대총 남분
신라 5세기
길이 59.0cm
보물

068
비단벌레 장식 금동허리띠
경주 황남대총 남분
신라 5세기
길이 각 4.0cm

069
금동신발
경주 황남대총 남분
신라 5세기
길이 34.5cm

070
방추차형 석기
경주 황남대총 북분
신라 5세기
지름 8.1cm

071
은허리띠
경주 황남대총 북분
신라 5세기
길이 51.6cm

072
'夫人帶'를 새긴 허리띠 끝장식
경주 황남대총 북분
신라 5세기
길이 12.3cm

073
고리자루 칼
경주 황남대총 남분
신라 5세기
길이 32.0cm(왼쪽)

074
금·은그릇
경주 황남대총
신라 5세기
높이 9.1cm(왼쪽 뒤)

075
청동합
경주 황남대총 남분
신라 5세기
높이 12.0cm(오른쪽)

076
청동솥·청동자루솥
경주 황남대총
신라 5세기
높이 16.8cm(오른쪽)

077
부리 달린 항아리
경주 황남대총 남분
신라 5세기
길이 16.2cm(오른쪽)

078
국자
경주 황남대총 남분
신라 5세기
길이 38.6cm(위)

079
금동안장
경주 황남대총 남분
신라 5세기
길이 55.3cm

080
은팔뚝가리개
경주 황남대총 남분
신라 5세기
높이 35.0cm

081
발걸이
경주 황남대총 남분
신라 5세기
길이 23.0cm(왼쪽 위)

082
말띠꾸미개
경주 황남대총 남분
신라 5세기
길이 4.8cm(왼쪽)

083
말갖춤
경주 황남대총 남분
신라 5세기
길이 54.7cm(오른쪽 위)

084
말갖춤
경주 황남대총 남분
신라 5세기
길이 13.8cm(왼쪽 아래)

085
투겁창
경주 황남대총 남분
신라 5세기
길이 62.2cm(가운데)

086
금 관모
경주 천마총
신라 6세기
높이 19.0cm
국보

087
금 관꾸미개
경주 천마총
신라 6세기
높이 40.8cm
보물

088
금 관꾸미개
경주 천마총
신라 6세기
높이 23.0cm
보물

089
죽제 천마무늬 금동장식 말다래
경주 천마총
신라 6세기
81.0 x 56.0cm

090
백화수피제 천마도 말다래(위)
경주 천마총
신라 6세기
73.5×54.7cm
국보

091
백화수피제 천마도 말다래(아래)
경주 천마총
신라 6세기
73.2×55.2cm
국보

092
금꾸미개
경주 금관총
신라 5세기
길이 11.3cm(삼각형)

093
금꾸미개
경주 금관총
신라 5세기
길이 30.0cm

094
금귀걸이
경주 황오동 5호 무덤
신라 5~6세기
길이 8.5cm

095
금귀걸이
경주 천마총
신라 6세기
길이 6.0cm

096
금귀걸이
경주 천마총
신라 6세기
길이 5.0cm

097
금귀걸이
경주 황오동 4호 무덤
신라 5~6세기
길이 9.6cm

098
금귀걸이
경주 천마총
신라 6세기
길이 6.2cm

099
금귀걸이
경주 노서동 138호 무덤
신라 5~6세기
길이 10.5cm

100
금귀걸이
경주 계림로 14호 무덤
신라 5~6세기
길이 7.0cm

101
금귀걸이
경주 황남대총 남분
신라 5세기
길이 5.5cm

102
금귀걸이
경주 황오동 14호 무덤
신라 5세기
길이 6.1cm

103
금귀걸이
경주 황남동 151호 무덤
신라 5~6세기
길이 7.3cm

104
금귀걸이
경주 황남동 82호 무덤
신라 5~6세기
길이 6.9cm

105
금드리개
경주 황남대총 북분
신라 5세기
길이 19.2cm

106
금드리개
경주 황남대총 북분
신라 5세기
길이 25.9cm

107
금드리개
경주 황오동
신라 5~6세기
길이 9.0cm

108
금드리개
경주 미추왕릉 C지구 4호 무덤
신라 6세기
길이 16.8cm
보물

109
금드리개
경주 교동
신라 5세기
길이 13.0cm

110
금드리개
경주 황남대총 북분
신라 5세기
길이 18.5cm

111
금드리개
경주 황오동
신라 5~6세기
길이 20.6cm

112
금반지
경주 일원
신라 5~6세기
지름 2.5cm(아랫줄 가운데)

113
금팔찌
경주 인동총·경주 천마총·황남대총 북분
신라 5~6세기
지름 7.3cm(왼쪽)

114
금목걸이
경주 황남대총 남분
신라 5세기
전체 길이 66.4cm
국보

115
가슴걸이
경주 월성로 가-13호 무덤
신라 4~5세기
길이 43.5cm

116
가슴걸이
경주 천마총
신라 6세기
길이 63.0cm
보물

117
여러 종류의 토기
경주 황남대총 남분·영덕 괴시리
신라 5~6세기
높이 10.5cm(왼쪽)

118
그릇받침과 굽다리 긴목 항아리
경주 덕천리·경주 인왕동
경주 황남대총 남분·영덕 괴시리
신라 5~6세기
높이 43.9cm(왼쪽)

119
그릇받침과 뚜껑 달린 굽다리접시
경주 황남대총 북분
신라 5세기
높이 16.4cm(그릇받침)

120
그릇받침
경주 황남대총 남분
신라 5세기
높이 53.8cm(뒤쪽)

121
상형토기
경주 덕천리·경주 사라리·경주 미추왕릉지구
신라 4~6세기
높이 20.0cm(왼쪽)

122
집모양 토기
경주 사라리 5호 무덤
신라 4세기
높이 20.3cm

123
서수모양 토기
경주 미추왕릉지구 C지구 3호 무덤
신라 6세기
높이 12.5cm
보물

124
인물·동물 토우
경주 황남동·출토지 모름
신라 5~6세기
높이 26.0cm(왼쪽 뒤)

125
토우장식 토기
경주 월성로 고분·출토지 모름
신라 5~6세기
높이 11.0cm(왼쪽)

126
그림을 새긴 뚜껑
경주 계림로 47호
신라 5세기
지름 15.0cm

127
말을 새긴 뚜껑
출토지 모름
신라 5~6세기
지름 21.0cm

128
토우장식 항아리
경주 미추왕릉 12지구
신라 5세기
높이 40.5cm
국보

129
임신서기석
경주 금장리
신라 6~7세기
높이 32.0cm
보물

130
포항 중성리비
포항 중성리
신라 501년
높이 105.6cm
국보
경주문화유산연구소

131
명활산성 작성비
경주 보문동 명활산성 성벽 터
신라 551년
높이 66.8cm

132
남산신성비
경주 남산
신라 591년
높이 91.0cm(제1비)

133
이차돈 순교비
경주 동천동
통일신라 817년(또는 818년)
높이 106.0cm

134
'興'을 새긴 기와
경주 사정동 경주공업고등학교 내
통일신라
길이 10.7cm

135
수막새
경주 사정동 경주공업고등학교 내
신라~통일신라
지름 15.3cm(왼쪽 뒤)

136
보살 머리
전 경주 황룡사 터
신라 7세기
높이 8.3cm

137
연꽃무늬 수막새
경주 황룡사 터
신라~통일신라
지름 18.5cm(오른쪽 아래)

138
치미
경주 황룡사 터
신라
높이 182.0cm

139
사리공 덮개돌
경주 황룡사 구층목탑 터 심초석
신라 645년
길이 44.3cm

140
사리 외함(북면)
경주 황룡사 구층목탑 터 심초석 사리공
신라 645년
길이 26.0cm

141	142	143	144
연기법송을 새긴 은판	사리장엄구	은합	팔각당형 사리기
경주 황룡사 구층목탑 터 심초석 사리공	경주 황룡사 구층목탑 터	경주 황룡사 구층목탑 터 심초석 사리공	경주 황룡사 구층목탑 터 심초석 사리공
통일신라	신라~통일신라	신라~통일신라	통일신라
길이 8.0cm(왼쪽)	높이 13.6cm(청동합)	높이 4.5cm	높이 12.3cm

145	146	147	148
사각형 합·원통형 합	팔각당형 사리기	연꽃모양 받침	영묘사 이름을 새긴 기와
경주 황룡사 구층목탑 터 심초석 사리공	경주 황룡사 구층목탑 터 심초석 사리공	경주 황룡사 구층목탑 터 심초석 사리공	경주
신라~통일신라	통일신라	신라~통일신라	고려
높이 6.1cm(왼쪽)	지름 10.0cm(왼쪽)	높이 3.0cm	길이 19.0cm

149	150	151	152
얼굴무늬 수막새	돌사자	사리함	꾸미개
경주 영묘사 터	경주 분황사	경주 분황사 탑	경주 분황사 탑
신라	통일신라 8세기	신라 634년	신라~통일신라
길이 11.5cm	높이 85.0cm	전체 높이 72.0cm	길이 25.7cm(왼쪽 아래)
보물			

153	154	155	156
사리장엄구	바둑판무늬 벽돌	목걸이	신라계 토기
경주 분황사 탑	경주 분황사	울릉 천부동	강릉 초당동
신라 634년~고려 12세기	통일신라	통일신라 7~8세기	삼국 6세기
길이 8.4cm(오른쪽 위)	길이 43.0cm	지름 0.7~1.2cm	높이 30.3cm(가운데 뒤)
	국립경주문화유산연구소		

157	158	159	160
금관가야계 토기	신라계 토기	대가야계 토기	신라계 토기
김해 삼계동	김해 삼계동	고령 지산동	고령 지산동
삼국 6세기	삼국 6세기	삼국 6세기	삼국 6세기
높이 28.0cm(가운데 뒤)	높이 25.7cm(가운데 뒤)	높이 21.5cm(왼쪽)	높이 28.9cm(가운데 뒤)

161
누암리 무덤 출토품
충주 누암리
신라 6세기
높이 16.8cm(왼쪽 아래)

162
성동리 무덤 출토품
파주 성동리
신라 6세기
높이 31.2cm(가운데 뒤)

163
문무왕릉비(윗부분)
경주 동부동(2009년 발견)
통일신라 681~682년
높이 60.0cm

164
문무왕릉비(아랫부분)
경주 동부동(1961년 발견)
통일신라 681~682년
높이 55.1cm

165
십이지상(돼지)
경주 충효동 전 김유신 무덤
통일신라 7~8세기
높이 40.8cm

166
녹유신장상벽전
경주 사천왕사 터
통일신라 679년 무렵
높이 90.0cm
국립경주문화유산연구소

167
녹유신장상벽전
경주 사천왕사 터
통일신라 679년 무렵
높이 90.0cm
국립경주문화유산연구소

168
사천왕사 이름을 새긴 기와
경주 사천왕사 터
통일신라~고려
길이 25.0cm(오른쪽)

169
녹유 벽돌
경주 사천왕사 터
통일신라
길이 28.0cm(위)
국립경주문화유산연구소

170
막새기와
경주 사천왕사 터
통일신라~고려
너비 27.0cm(맨 뒷줄 오른쪽)
국립경주문화유산연구소

171
사리 외함·사리 내함·사리병
경주 감은사 터 서 삼층석탑
통일신라 682년 무렵
높이 16.5cm(가운데)
보물

172
사리 외함
경주 감은사 터 서 삼층석탑
통일신라 682년 무렵
높이 28.0cm
보물

173
성덕대왕신종
경주 봉덕사
통일신라 771년
높이 365.8cm
국보

174
금강역사
경주 석굴암
통일신라 8세기
높이 55.0cm

175
사리 내함(황룡사 찰주본기)
경주 황룡사 구층목탑 터 심초석 사리공
통일신라 872년
길이 각 22.5cm
보물

176
사리 내함 뚜껑
경주 황룡사 구층목탑 터 심초석 사리공
통일신라 872년
길이 27.0cm

177
'仲和三年'을 새긴 사리기
경주 황룡사 구층목탑 터
통일신라 883년
높이 17.0cm

178
연꽃무늬 사래기와
경주 황룡사 터
통일신라
길이 45.7cm

179
보상화무늬 벽돌
경주 황룡사 서편 절터
통일신라
길이 33.5cm
국립경주문화유산연구소

180
보상화·용무늬 벽돌
경주 황룡사 터
통일신라
길이 36.8cm

181
긴나라(팔부중)
경주 창림사 터
통일신라 9세기
높이 88.0cm

182
창림사 이름을 새긴 기와
경주 창림사 터·천관사 터
통일신라~고려
길이 17.5cm(오른쪽)
국립경주문화유산연구소

183
전불
경주 갑산사 터
통일신라
길이 8.6cm

184
갑산사 이름을 새긴 기와
경주 갑산사 터
고려
길이 27.7cm(오른쪽)

185
소탑
경주 인왕동 절터
통일신라 8세기
높이 10.8cm(오른쪽)
국립경주문화유산연구소

186
석경
경주 칠불암
통일신라
길이 12.0cm

187
사리함
경주 동천동
통일신라 9세기
높이 9.3cm

188
경합
전 경주 남산
통일신라
높이 3.9cm

189
탄생불
논산
신라 7세기
높이 10.7cm

190
반가사유상
경주 성건동
신라 7세기
높이 14.1cm

191
반가사유상
경주 송화산
신라 7세기
높이 125.0cm

192
미륵삼존불(가운데)
경주 남산 장창곡
신라 7세기
높이 167.0cm(가운데)
보물

193
금동판불(삼존불, 보살)
경주 동궁과 월지
통일신라 7세기
높이 21.3cm(위)

194
삼존불
경주 동궁과 월지
통일신라 7세기
높이 27.0cm
보물

195
부처
출토지 모름
통일신라 8세기
높이 22.3cm

196
부처
출토지 모름
통일신라 8세기
높이 21.6cm

197
부처
출토지 모름
통일신라 9세기
높이 29.0cm

198
부처
경주 동궁과 월지
통일신라 8세기 후반
높이 35.0cm(오른쪽)

199
부처
경주 동궁과 월지
통일신라 8~9세기
높이 21.0cm(왼쪽 위)

200
비로자나불
출토지 모름
통일신라 8세기
높이 39.7cm

201
비로자나불
출토지 모름
통일신라 9세기
높이 31.5cm

202
약사불
경주 백률사
통일신라 800년 무렵
높이 179.0cm
국보

203
보살
대구 동구
통일신라 8세기
높이 11.7cm

204
보살
상주
통일신라 8세기
높이 13.0cm

205
화불
경주 동궁과 월지
통일신라 8세기
길이 4.0~10.0cm

206
십일면관음보살
경주 낭산
통일신라 8세기
높이 200.0cm

207
부처
경주 인왕동
신라 7세기
높이 112.0cm

208
약사불
경주 낭산
통일신라
높이 128.5cm

209
부처
경주 남산 왕정곡
통일신라 8세기
높이 201.0cm

210
부처
경주 읍성
통일신라 8세기
높이 175.0cm

211
부처
경주 남산 오산계
통일신라 9세기
높이 172.7cm

212
약사불
경주 남산 용장곡
통일신라 8세기말~9세기
높이 305.0cm

213
관음보살
경주 낭산
통일신라 9세기
높이 376.0cm

214
부처 머리
경주 남산 철와골
통일신라 8세기 말~9세기 초
높이 153.0cm

215
금강역사
경주 하동
통일신라
높이 84.0cm

216
금강역사
경주 구황동 절터
통일신라 7세기
높이 143.0cm(왼쪽)

217
사천왕
경주 읍성
통일신라 8세기
높이 83.0cm

218
삼층석탑
경주 고선사 터
통일신라 686년 이전
높이 10.1m
국보

219
삼층석탑
경주 남산 승소골
통일신라 9세기
높이 377.0cm

220
삼층석탑
경주 남산 삼릉
통일신라
높이 216.0cm

221
석등
경주 읍성
통일신라 8~9세기
높이 259.0cm

222
석등
경주 읍성
통일신라 8~9세기
높이 221.0cm

223
사리장엄구(사리호·사리병·소탑)
봉화 서동리 동 삼층석탑
통일신라 9세기
높이 9.1cm(가운데)

224
사리장엄구(소탑·사리호·경통)
봉화 축서사 삼층석탑
통일신라 867년
길이 24.1cm(맨앞)

225
사리장엄구(사리호·항아리·탑지석)
포항 법광사 터 삼층석탑
통일신라 9세기
높이 10.8cm(오른쪽)

226
토용
경주 용강동 무덤
통일신라 8세기
높이 17.1cm

227
허리띠
경주 동궁과 월지
통일신라
길이 5.4cm(띠고리)

228
도장
경주 황남동 376번지 유적
통일신라
길이 3.2cm

229
도장
경주 동천동 681-1 유적
통일신라
길이 3.5cm

230
문서 목간
경주 동궁과 월지
통일신라 8~9세기
길이 31.9cm

231
벼루
경주 일원
통일신라
높이 10.2cm(오른쪽 뒤)

232
벼루
경주 동궁과 월지
통일신라
길이 15.0cm

233
'椋司'를 적은 벼루
경주 동궁과 월지
통일신라
지름 16.5cm

234
'十石入瓮'을 새긴 큰항아리
경주 동궁과 월지
통일신라 8~9세기
높이 150.0cm

235
우물 출토 토기와 목기
경주 인왕동
통일신라
길이 29.5cm(앞쪽 두레박)

236
글자를 적은 목간
경주 인왕동
통일신라
길이 24.1cm

237
빗
경주 인왕동
통일신라
길이 10.3cm

238
개뼈
경주 황남동
통일신라
길이 18.1cm(두개골)

239
청동그릇·청동숟가락·청동뒤꽂이
경주 인왕동
통일신라
지름 7.0cm(청동접시)

240
'辛審龍王'을 새긴 토기
경주 동궁과 월지
통일신라
지름 19.9cm

241
'辛審龍王'을 새긴 토기
경주 동궁과 월지
통일신라
지름 11.4cm

242
향로 뚜껑
경주 동궁과 월지
통일신라 8~9세기
높이 16.5cm

243
가위
경주 동궁과 월지
통일신라 8~10세기
길이 7.3cm(아래쪽)

244
가위
경주 동궁과 월지
통일신라 8~10세기
길이 13.0cm(위쪽)

245
원형판
경주 동궁과 월지
통일신라 8~10세기
지름 12.5cm(위쪽)

246
연꽃무늬 수막새
경주 동궁과 월지
통일신라 7세기
지름 13.3cm

247
'儀鳳四年皆土'를 새긴 암키와
경주 동궁과 월지
통일신라 679년
길이 39.2cm

248
막새기와
경주 일원
통일신라
길이 35.3cm(오른쪽 뒤)

249
연꽃무늬 수막새
경주 황룡사 터·전 흥륜사 터
통일신라
지름 13.2cm(오른쪽)

250
동물무늬 수막새
경주 동궁과 월지
통일신라 8~9세기
지름 14.2cm(왼쪽)

251
'在城'을 새긴 수막새
경주 동궁과 월지
통일신라
지름 16.9cm

252
'在城'을 새긴 수막새·수키와
경주 인왕동 월성해자·금장리 기와가마 터
통일신라
지름 15.5cm(왼쪽)

253
용·집무늬 벽돌
울산 중산동 절터
통일신라
길이 15.4cm

254
집무늬 벽돌
울산 중산동 절터
통일신라 8세기
길이 20.0cm

255
'東宮衙鎰'을 새긴 자물쇠
경주 동궁과 월지
통일신라 8-9세기
길이 32.3cm

256
'奉太子君'을 적은 목간
경주 동궁과 월지
통일신라
길이 6.1cm

257
'調露二年'을 새긴 벽돌
경주 동궁과 월지
통일신라 680년
너비 32.3cm

258
항아리와 뚜껑
경주 동궁과 월지
통일신라 7세기
높이 15.7cm(항아리)

259
개원통보
경주 동궁과 월지
통일신라 7세기
지름 2.5cm

260
암막새와 수막새
경주 동궁과 월지
통일신라 7세기
지름 12.5cm(수막새)

261
녹유 연꽃무늬 수막새
경주 동궁과 월지
통일신라 7세기
지름 12.9cm

262
녹유 짐승 얼굴무늬 기와
경주 동궁과 월지
통일신라 7~8세기
높이 29.2cm

263
연꽃무늬 수막새
경주 동궁과 월지
통일신라 7세기
지름 14.0cm

264
연꽃보상화무늬 수막새
경주 동궁과 월지
통일신라 7세기
지름 15.0cm

265
연꽃보상화무늬 수막새
경주 동궁과 월지
통일신라 7세기
지름 13.8cm

266
인동보상화무늬 수막새
경주 동궁과 월지
통일신라 7세기
지름 14.5cm

267
연꽃무늬 수막새
경주 동궁과 월지
통일신라 8세기
지름 12.8cm

268
연꽃무늬 수막새
경주 동궁과 월지
통일신라 8세기
지름 12.0cm

269
연꽃무늬 수막새
경주 동궁과 월지
통일신라 8세기
지름 14.0cm

270
보상화무늬 수막새
경주 동궁과 월지
통일신라 8세기
지름 15.4cm

271
보상화무늬 수막새
경주 동궁과 월지
통일신라 8세기
지름 11.0cm

272
연꽃당초무늬 수막새
경주 동궁과 월지
통일신라 9~10세기
지름 13.0cm

273
벽돌
경주 동궁과 월지
통일신라 7~8세기
길이 32.0cm(앞)

274
보상화무늬 문고리
경주 동궁과 월지
통일신라 8-9세기
고리 지름 13.5cm

275
짐승 얼굴무늬 문고리
경주 동궁과 월지
통일신라 8-9세기
길이 10.4cm(왼쪽)

276
연꽃 봉오리 장식
경주 동궁과 월지
통일신라
높이 18.8cm(오른쪽)

277
당초무늬 마구리 장식
경주 동궁과 월지
통일신라
지름 8.1cm

278
당초무늬 마구리 장식
경주 동궁과 월지
통일신라
너비 17.3cm

279
풍탁
경주 동궁과 월지
통일신라
높이 16.0cm

280
발걸이 장식
경주 동궁과 월지
통일신라
길이 18.0~20.2cm

281
벽걸이 장식
경주 동궁과 월지
통일신라
길이 8.3~8.5cm

282
용머리 장식
경주 동궁과 월지
통일신라
길이 16.4cm

283
봉황 장식
경주 동궁과 월지
통일신라
높이 10.6cm

284
주령구(복제품)
경주 동궁과 월지
통일신라 7~9세기
높이 4.8cm

285
배
경주 동궁과 월지
통일신라
길이 620.0cm

286
대접
경주 동궁과 월지
통일신라
입지름 15.1cm(왼쪽 위)

287
합
경주 동궁과 월지
통일신라 7~9세기
높이 11.2cm

288
접시
경주 동궁과 월지
통일신라
입지름 19.7cm(왼쪽 위)

289
숟가락
경주 동궁과 월지
통일신라
길이 26.7cm(위쪽)

290
국자
경주 동궁과 월지
통일신라
길이 23.0cm(왼쪽)

291
옻칠합
경주 동궁과 월지
통일신라 8~9세기
높이 4.7cm(왼쪽)

292
옻칠사발
경주 동궁과 월지
통일신라 8~9세기
높이 6.1cm(왼쪽)

293
풍로
경주 동궁과 월지
통일신라 8세기
높이 19.5cm

294
시루
경주 동궁과 월지
통일신라
높이 32.8cm

295
목화무늬 대접
경주 동궁과 월지
통일신라
입지름 11.3cm

296
얼굴무늬 발
경주 동궁과 월지
통일신라
높이 4.9cm

297
도장무늬 뚜껑
경주 동궁과 월지
통일신라
높이 5.5cm(왼쪽 아래)

298
도장무늬 병
경주 동궁과 월지
통일신라 8~9세기
높이 11.0cm(오른쪽)

299
도장무늬 병
경주 동궁과 월지
통일신라 8~9세기
높이 15.5cm

300
긴목 항아리
경주 동궁과 월지
통일신라
높이 36.3cm(오른쪽)

301
매병모양 토기
경주 동궁과 월지
통일신라 9~10세기
높이 87.7cm(오른쪽)

302
빗
경주 동궁과 월지
통일신라
길이 9.7cm

303
가르마 도구
경주 동궁과 월지
통일신라
길이 14.5cm(왼쪽)

304
비녀채
경주 동궁과 월지
통일신라
길이 9.0cm(오른쪽)

305
반지
경주 동궁과 월지
통일신라
지름 2.0cm(오른쪽)

306
비녀
경주 동궁과 월지
통일신라
길이 15.6cm

307
금 장식
경주 동궁과 월지
통일신라 8~9세기
길이 4.5cm(못)

308
유리구슬
경주 동궁과 월지
통일신라 8~9세기
지름 0.7~4.7cm

309
토용
경주 용강동
통일신라 8세기
높이 14.0cm(좌 앞)

310
여성 토용
경주 황성동
신라 7세기
높이 16.5cm

311
남성 토용
경주 용강동
통일신라 8세기
높이 17.4cm

312
십이지상(원숭이)
경주 조양동 성덕왕릉
통일신라 8세기
높이 116.0cm

313
십이지상
경주 화곡리
통일신라 9세기
높이 12.0~15.0cm

314
곱돌 십이지상
경주 망성리 전 민애왕릉
통일신라 8~9세기
높이 8.0~11.1cm

315
십이지상
경주 하구리 절터
통일신라 9~10세기
높이 42.0~45.0cm

316
십이지상
경주·출토지 모름
통일신라
높이 106.0cm(좌)

317
사천왕상
경주
통일신라
높이 82.0cm

318
신장상을 새긴 문비석
경주 서악동 돌방무덤
통일신라
높이 150.0cm

319
돌사자
경주 교동
통일신라
높이 65.0cm

320
돌사자
출토지 모름
통일신라
높이 98.0cm

321
'元和十年'을 새긴 뼈항아리
경주 망성리 전 민애왕릉
통일신라 815년
높이 19.3cm

322
녹유 뼈항아리
경주 남산
통일신라 8세기 추정
높이 39.0cm(왼쪽)

323
집모양 뼈그릇
경주 북군동
통일신라 8세기
높이 43.4cm

324
뼈항아리와 뚜껑
경주 석장동
통일신라
높이 23.5cm

325
뼈항아리
경주 나원리
통일신라
높이 13.8cm

326
뼈항아리
경주 일원
통일신라 8~10세기
높이 27.0cm(오른쪽 뒤)

327
금동신발
경주 황남대총 북분
신라 5세기
길이 27.5cm

328
금동신발
경주 금관총
신라 5세기
길이 30.5cm(위)

329
은합
경주 황남대총 남분
신라 5세기
높이 16.8cm

330
연유단지
경주 월성로 가-5호 무덤
신라 5~6세기
높이 11.0cm

331
청동거울
경주 황남대총 남분
신라 5세기
지름 15.5cm

332
삼채 뼈단지
경주 조양동
통일신라 8세기
높이 16.5cm

333
청자 완
경주 동궁과 월지
당 9세기
입지름 16.2cm

334
돌팔찌
경주 월성로 가-29호 무덤
신라 4세기
지름 8.3cm

335
말띠꾸미개
경주 황남대총 남분
신라 5세기
높이 4.5cm

336
하지키계 토기
경주 월성로 가-31호 무덤
신라 4세기
높이 12.6cm(오른쪽)

337
초심지가위
경주 동궁과 월지
통일신라 8세기
길이 25.5cm
보물

338
꽃·새무늬 사슴뼈 장식
경주 동궁과 월지
통일신라 8~9세기
길이 21.8cm(오른쪽)

339
유리잔
경주 황남대총 북분
신라 5세기
높이 7.6cm

340
유리잔
경주 금관총
신라 5세기
높이 9.2cm

341
유리바리
경주 황남대총 남분
신라 5세기
높이 6.7cm

342
유리잔
경주 황남대총 북분
신라 5세기
높이 7.3cm

343
유리잔
경주 천마총
신라 6세기
높이 7.4cm
보물

344
유리드리개
경주 계림로 14호 무덤
신라 6세기
길이 4.9cm

345
말띠꾸미개
경주 계림로 14호 무덤
신라 6세기
길이 2.4cm(오른쪽)

346
상감유리 목걸이
경주 미추왕릉 C지구 4호 무덤
신라 5~6세기
길이 24.0cm
보물

347
황금보검
경주 계림로 14호 무덤
신라 6세기 이전
길이 36.0cm
보물

348
뿔잔과 뿔잔 받침
경주 미추왕릉 C지구 7호 무덤
신라 5~6세기
높이 17.0cm

349
금동뿔잔
경주 금관총
신라 5세기
길이 23.7cm

350
뿔잔
포항 냉수리
신라 6세기
길이 27.8cm

351
무인상 모서리기둥
경주 구정동 방형무덤
통일신라 9~10세기
높이 73.6cm

352
사자·공작무늬 돌
경주
통일신라 8세기
길이 300.0cm

353
경순왕 초상화
대한제국 1904년
비단에 채색
152.5×87.5cm
숭혜전

354
사면편병과 주름무늬병
완도 청해진
통일신라
높이 32.7cm(왼쪽)

355
최치원 초상화
조선 1793년
비단에 채색
140.0×100.0cm
경주 최씨 문중

356
사리장엄구(사리병·사리합·반지·구슬)
함양 승안사 삼층석탑
고려 10세기
지름 8.5cm(사리합)

357
망덕사 불교공양구
경주 망덕사 터
고려
높이 33.0cm(정병)

358
청동반자
경주 굴불사 터
고려 1183년
길이 33.6cm

국립경주박물관 상설전시도록

신라의 역사와 문화
History and Culture of Silla

기획	국립경주박물관
편집	이제현, 양희정, 김현희
원고·교정	김대환, 김현희, 신명희, 양희정, 윤상덕, 이제현, 이현태(가나다순)
보조	김하연, 박세영
사진	김광섭, 신성진(케이아트 스튜디오), 오세윤
북디자인	편집전문회사 꿈과놀다

편저	국립경주박물관
주소	(38171) 경상북도 경주시 일정로 186
	Tel. 054-740-7500

출판	편집전문회사 꿈과놀다
주소	(04623) 서울특별시 중구 서애로5길 12-9 한아빌딩 304호
	Tel. 02-2277-3986
인쇄	(주)나눔프린팅

2024년 12월 13일 초판발행

ISBN 979-11-88648-33-7 93910

가격 35,000원

ⓒ 국립경주박물관 2024

이 책의 저작권은 국립경주박물관이 소유하고 있습니다

이 책에 담긴 내용은 국립경주박물관의 허가를 받아 사용할 수 있습니다.